Escribir

un manual para escritores

José Young

Ediciones Crecimiento Cristiano es un ministerio
que se dedica a la enseñanza del mensaje evangélico
por medio de la literatura.

Primera edición: 2/1992
Versión revisada: 4/2000

I.S.B.N. 950-9596-74-4

Queda hecho el depósito que prevé la ley 11.723

Diseño de Tapa: Ana Ruth Santacruz
Impreso en los talleres de

Ediciones
Crecimiento
Cristiano

"Más que enseñar, te ayudamos a aprender"

Córdoba 419 - Villa Nueva - Cba. - Argentina

+54 9 353 491-2450

+54 9 353 481-0724

oficina@edicionescc.com

www.edicionescc.com

Ediciones Crecimiento Cristiano

edicionescc

IMPRESO EN ARGENTINA **C3**

Indice:

Trabajos

Lecturas

Nota: Las "lecturas" no son ejercicios, son para leer, son informativos. Los ejercicios son los capítulos titulados "trabajo".

Introducción

La tarea del escritor es sencilla: comunicar. Su primera responsabilidad no es ser "original", ni erudito, sino claro. Una persona que lee mucho se da cuenta de las grandes diferencias entre escritores. Muchos tienen algo importante que decir, pero no saben comunicarlo con claridad. Puede ser que algunos nazcan con esa capacidad, pero la mayoría de nosotros *necesitamos* y *podemos* aprenderla.

Por un lado, lo que escribimos tiene que ser interesante, estimulante. Si no, después de leer unas pocas frases, el lector vuelve al televisor. Entran factores como lenguaje, estructura e ilustraciones. Nos conviene leer mucho, de toda clase de literatura. Observar, comparar y preguntar: ¿Por qué *este* escrito es más atractivo que aquel otro?

Pero a la vez nosotros, los escritores cristianos, deseamos glorificar a nuestro Dios en todo lo que hacemos. No podemos resignarnos a ser escritores mediocres. Tenemos que pulir nuestra técnica y estilo de tal manera que seamos capaces de comunicar con fuerza y claridad. "Y todo lo que hagan o digan (o escriban), háganlo en el nombre del Señor Jesús..." (Col 3:17)

Y como escritores cristianos sentimos otro desafío. Dios nos comunicó su mensaje con el propósito de cambiar vidas, y entregó a nosotros esa misma misión (1 P 2:9 y otros). En un sentido, nada de lo que escribimos es "neutral". Tenemos una manera particular de ver la vida y al mundo, e inevitablemente esta visión personal ha de reflejarse en lo que escribimos. Para el escritor, el escribir normalmente es una tarea agradable; pero para nosotros llega también a ser una misión. Sentimos la exhortación de Pedro:

> "*Como buenos administradores de las variadas bendiciones de* Dios, *cada uno de ustedes sirva a los demás según los dones que haya recibido*". (1 P 4:10)

A eso se dedica este material.

Metodología

Este es un cuaderno para hacer en grupo. Se deben reunir tres o más personas con interés en el escribir, para estudiarlo. Cada uno tendrá su cuaderno y hará las lecciones particularmente. Pero es necesario que se reúnan para comparar lo que han escrito y evaluarse mutuamente.

Ésta ha sido nuestra experiencia en talleres literarios. Necesitamos que alguien escuche lo que hemos escrito. Es muy difícil evaluarnos a nosotros mismos; necesitamos ayuda.

Recomendamos que se reunan una vez por semana o cada 15 días. Lean en voz alta sus ejercicios y traten de evaluarse en base a las pautas de las lecciones que van estudiando.

Bibliografía

Hay libros que todo escritor debe tener:
Un buen diccionario
Un diccionario de sinónimos
Un libro de gramática

Lectura 1

¿Arte, técnica o don?

"Aunque podemos conceder que el gran escritor, como el poeta, no se hace sino nace, también podemos afirmar sin vacilación que el escritor ordinario se hace, y no nace."
[B.A. Hinsdale]

No hay nada "romántico" en la tarea del escritor, sino horas de trabajo escribiendo, puliendo, revisando. Existen ciertos genios, o tal vez magos, que pueden producir un libro en una semana y que se publica. Pero la mayoría de nosotros hemos sido tallados de un árbol mucho más ordinario.

¿El escribir es un arte? Sí, en cierto sentido. El poeta, el novelista, necesitan una sensibilidad hacia el mundo y el ser humano que va más allá de lo común. Y los "grandes" tienen una capacidad de expresión que la mayoría de nosotros nunca tendremos.

Pero no todo lo escrito es "arte". El artículo para el boletín o la revista pueden estar muy bien escritos, pero normalmente no lo llamamos "arte". Tampoco entra en esta categoría la labor periodística.

En este cuaderno nuestra intención es concentrarnos en la prosa "ordinaria" —lo que utilizamos en la mayoría de las diferentes formas de comunicación— reconociendo que para el cuento, la poesía o la novela, las normas muchas veces son más amplias y libres.

Gracias a Dios por los verdaderos artistas de la palabra, pero mientras ellos hacen sus creaciones, nosotros, los "ordinarios" tenemos un campo muy amplio de trabajo. Y siempre esperamos que algunos lleguemos a ser más que "ordinarios".

¿El escribir es una técnica? Sí, en cierto sentido. Como dice la cita al principio de este capítulo, la mayoría de nosotros "nos hacemos".

No hay ninguna duda de que un escritor pobre, o mediocre, puede mejorarse. Casi todo escritor mira a sus primeros esfuerzos con cierta vergüenza. Hemos mejorado... podemos seguir mejorando... *debemos* seguir mejorando.

¿El escribir es un don? Sí, en cierto sentido. No encontramos el don de "escritor" en las listas de dones del Nuevo Testamento, pero hay hombres y mujeres que Dios ha utilizado como evangelistas, pastores y maestros por medio de sus escritos. Dos ejemplos muy conocidos son los libros de Billy Graham, el evangelista, y John Stott, el maestro. Aunque aún en estos dos casos, ellos no son principalmente escritores, sino que el escribir es una extensión de su ministerio fundamental de pastor, maestro o evangelista.

El don, por supuesto, es algo que Dios da. Muchos podemos aprender a comunicar bien por la página escrita, y algunos serán utilizados por Dios de una manera especial. Pero en todo caso, hagamos de nuestra redacción un servicio a Dios. Busquemos su sabiduría como para comunicar con claridad y con un contenido que él puede utilizar en vidas.

Sea arte, técnica o don, utilicemos nuestro deseo de escribir según la exhortación de Pedro:

> "*Como buenos administradores de las variadas bendiciones de* Dios, *cada uno de ustedes sirva a los demás según los dones que haya recibido.*"
> (1 Pedro 4:10)

Trabajo 1

Palabras

Palabra: *Sonido o conjunto de sonidos articulados que expresan una idea, y, por convención, última unidad de discurso.* [Diccionario]

Las palabras son nuestra materia prima. Escribir es el arte de seleccionar las palabras, justas, apropiadas, y unirlas de tal manera que comuniquen su pensamiento con claridad y fuerza.

Toda palabra tiene por lo menos dos rasgos: El primero es el que da el diccionario. Nos dice precisamente qué distingue *esta* palabra de las otras miles que existen. Puede ser que tenga varios sinónimos, pero cada uno difiere del otro en alguna de sus facetas.

Pero también una palabra puede tener su propio "aroma". Evoca un cierto sentir o emoción que va más allá de su significado de diccionario. Por ejemplo, la palabra "rojo" fácilmente trae imágenes de sangre, o del comunismo. En muchos contextos, es más que solamente un color.

Al escribir, buscamos las palabras precisas que dicen exactamente lo que queremos, pero a la vez tomamos en cuenta al lector y la manera en que *él* comprende esa palabra. No vamos a utilizar el mismo vocabulario, por ejemplo, en un artículo para pastores y otro para adolescentes.

En la práctica, es común encontrar por lo menos tres maneras de usar mal las palabras:

1 - Hay palabras que usamos tanto que están "gastadas", o aún trilladas. Para una persona todo es "lindo", a tal extremo que "lindo" ya no significa nada. Cambiar una palabra general (lindo, bueno, interesante) por otra (u otras) específicas, da más vida al escrito. Unos ejemplos:

"*La casa de los Pérez tiene un lindo patio.*"
"*La casa de los Pérez tiene un patio bordeado por rosas.*"

"¿*La reunión*? *Era buena.*"
"¿*La reunión*? *Hubo un ambiente de gozo...*"

"El Sábado, el conjunto Jiménez presentó un programa interesante."
"El Sábado, el conjunto Jiménez presentó un programa variado de folklore argentino."

En cada ejemplo la segunda versión es más informativa y comunica mejor al lector.

2 - Hay palabras que sobran. A veces por repetición. No hace falta decir "el *pequeño* cachorro", "un gigante *enorme*" o "de *color* rojo". Otras veces, sencillamente, incluimos palabras que no tienen una función. El escritor debe tratar su obra sin misericordia, cortando toda palabra que no trabaja. Note las dos versiones de una misma frase:

"Deliberando dentro de sí, Juan llegó a la conclusión de que debía irse a hacer algunas compras en el mercado."
"Juan decidió ir de compras al mercado."

3 - Hay palabras demasiado complicadas. El nuevo escritor, especialmente, tiende a usar palabras largas, "impresionantes". Pero los maestros sobre el tema insisten en que la palabra corta comunica mejor. Aun puede ser necesario en algunos casos utilizar tres palabras cortas en vez de una larga, pero se justifica si el resultado es mayor claridad. De nuevo, note la diferencia:

Juan se sintió apesadumbrado por la excesiva carga tributaria.
Juan se sintió afligido por los altos impuestos.

Leer y escuchar son dos maneras de refinar nuestro uso de palabras. Un diccionario da el significado preciso de una palabra, pero su "aroma" es algo subjetivo, según el contexto y el lector. Solamente el contexto determina si es mejor decir que una persona es "obesa, corpulenta o gorda".

Cada vez que escribimos, debemos preguntarnos:

1 - ¿Esta palabra dice exactamente lo que quiero?
2 - ¿Hay otra palabra que expresaría mejor para el lector lo que quiero decir?
3 - ¿He utilizado la misma palabra demasiadas veces?
4 - ¿Dónde puedo cambiar una palabra para dar más variedad al escrito?

5 - ¿Cuáles palabras son tan generales o "gastadas" que no dicen nada al lector?

Ejercicio

1 - El siguiente párrafo es denso, lleno de palabras, y palabras difíciles. Escríbalo de nuevo, puliendo lo innecesario, y simplificando lo difícil.

El concepto ampliamente difundido de que es suficiente la presencia corporal de un cristiano en una comunidad de personas, es realmente un engaño, un error. Es nada menos que la reaparición en otra forma de la vieja herejía conocida del liberalismo teológico clásico, pero esta vez en su peor forma: y esta es la suposición de que no es primordial la creencia de un hombre, sino de qué manera se conduce en su vivencia diaria. Es una idea con sus raíces en el fariseísmo, esa clase de fariseísmo que toma como algo indiscutible que la calidad de vida que muestra una persona es tan transparente, tan obvia, que Cristo ha de traslucirse por medio de ella. Es una rotunda negación de la verdadera fe evangélica, que siempre ha afirmado de que un hombre necesariamente debe ser llevado primeramente al arrepentimiento, y posteriormente a la fe. Esta posición es un virtual repudio universal al Cuerpo de Cristo, a la Iglesia, dado que en un cristianismo de semejante índole, es relativamente poco, o hasta nada, que se logra para llevar a las multitudes necesitadas a la iglesia que es el cuerpo de Cristo. [PC63p230]

2 - A continuación hay cinco sinónimos. Es decir, cinco palabras que significan *casi* lo mismo, pero que tienen ciertos rasgos propios. No son iguales. Escriba para cada uno algunas líneas que demuestren su significado particular. No una "definición" estilo diccionario, sino un ejemplo de su uso.

desertar - abandonar - desamparar - traicionar - huir

3 - Escriban para cada palabra (del ejercicio 2) una frase que sugiera el significado de la palabra, pero *sin* usarla. Por ejemplo, para la palabra "reponer", se puede escribir una frase como:

"Después de dos días en las Sierras, Carlos regresó con la salud mejorada."

Lean las frases en el grupo, y el grupo debe identificar cuál de las cinco palabras representa la frase.

Sugerencias para el trabajo en grupo

Ejercicio 1

Convendría hacer una lista, entre todos, de las expresiones o palabras que son opacas, innecesariamente difíciles. Por ejemplo, "El concepto ampliamente difundido..." es simplemente "Muchas personas piensan..."

Esta primera tarea, en realidad, es prematura. Porque el problema aquí no es solamente de palabras, sino también de frases largas y complicadas, y un párrafo demasiado largo.

¡Pero es un buen desafío! Pregúntense en su evaluación: ¿Podrá un chico de 12 años comprender mi versión del párrafo?

Ejercicio 2

Sugiero que charlen en el grupo acerca de las diferencias entre estas palabras. Deben estar seguros de que comprenden esas diferencias *antes* de evaluar lo que han escrito.

Ayúdense entre sí a no solamente evaluarse, sino también a corregirse para que se puedan distinguir las definiciones utilizadas.

Si todavía tienen tiempo, pueden repetir el ejercicio 2 con las siguientes palabras:

restaurar, regenerar, renovar, reparar, restituir

Para la discusión

¿Qué les parece el planteo del capítulo 1? ¿El escribir es más una técnica, un arte o un don?

Aprendemos a escribir... escribiendo. Le animo a comenzar a escribir un mínimo de 15 minutos por día. Puede ser un diario personal; puede ser el relato de algo que ocurrió durante el día; ¡o tal vez cartas a los presidentes del mundo diciéndoles cómo manejar sus países! No importa qué escribe; lo importante es comenzar a escribir.

Lectura 2

El escritor cristiano

Elsa R. de Powell

Todo acto de comunicación es una expresión no sólo de lo que sabemos y creemos, sino de quiénes somos y cómo vemos la vida. Nuestra identidad cristiana inevitablemente afecta lo que escribimos. Afecta no sólo nuestras convicciones, sino también nuestra fantasía, nuestro humor, nuestra poesía. Por más insignificante que sea lo que salga de nuestra pluma, allí estaremos "presentes", en nuestras palabras, y en nuestra manera de decirlas.

De allí que, si somos cristianos, ese hecho jugará un papel decisivo en nuestros escritos. Cuál es ese papel, y qué lugar ocupa en nuestras vidas no es tan fácil de precisar. Hay varios factores que contribuyen a esa complejidad.

En primer lugar, aún como escritores creyentes, cada uno de nosotros es un ser único e irrepetible: Dios no nos hace en "serie". Vamos reflejando nuestra particular forma de responderle y —por ser como somos— refractaremos su luz de una determinada manera.

En segundo lugar, la relación de todo hijo de Dios con su Padre jamás es estática. Si hay vida del Espíritu, nacemos, crecemos, y poco a poco —a veces con muchos tropiezos y grandes altibajos— nos vamos transformando más y más a semejanza de Cristo. Y por supuesto, estos cambios también se van reflejando y afectando todo lo que escribimos. Habrá etapas de búsqueda, de sed de Dios, y otras en que nuestra alma parecerá un desierto sin vida. Tendremos momentos de profunda certeza y momentos de vacilación y de duda. Todo eso debe alimentar nuestra pluma. Elegir sólo algunos aspectos y negar otros, es distorsionar la experiencia de una vida de fe.

En tercer lugar, cuando Cristo entra en nuestras vidas, las cosas no quedan igual. Hay algo así como un "reacondicionamiento de los muebles de la casa", y el lugar que ocupe nuestra vocación literaria dentro de nuestro "proyecto vital" (la finalidad que gobierna en última instancia nuestras decisiones), puede variar. Podría pasar a un primer lugar o a un segundo lugar... o quizás desaparecer.

Tal vez podríamos ejemplificarlo mediante esta analogía: Supongamos que hemos estudiado medicina y marchamos con nuestro título bajo el brazo a una zona rural afectada por desnutrición, bajo nivel de higiene, escasos recursos hospitalarios, etc.

El sufrimiento, las muertes innecesarias, el descuido y las injusticias nos van llenando el alma a medida que intentamos curar y resolver problemas.

Reacción número 1: Dedicar algunas horas del día después de volver de nuestra labor, a volcar nuestras experiencias en cartas, artículos, o escritos que denuncien la situación, o simplemente la reflejen, para que otros que no conocen lo que pasa, compartan nuestros sentimientos, o al menos vean las cosas a través de nuestros ojos.

Reacción número 2: Volver a casa después de largas horas de trabajo y, convencidos de que nuestro esfuerzo es apenas una gota de agua en un océano de necesidad, tomar la pluma para hacer cartillas de instrucción sanitaria, folletos didáticos para alertar a la población, cuadernillos con instrucciones básicas para mantener la salud.

Reacción número 3: Considerar que el mal tiene proporciones epidémicas y que el tiempo no alcanza para prevenir, mucho menos para programar tareas complementarias. No volvemos a casa salvo para dormir, y el resto del tiempo lo pasamos curando enfermos, tratando de no pensar en los que mueren sin que podamos llegar hasta ellos. Si escribimos algo es apenas una carta pidiendo que manden refuerzos urgentes para atender a las necesidades.

Cuando Cristo, antes de partir, llamó a Pedro para darle instrucciones acerca de su servicio futuro, éste se extrañó de que no incluyera a Juan. El maestro contestó: "...¿Qué te importa a ti? Tú sígueme."

Creo que es imposible tratar de imponer normas acerca del lugar que el don literario debe ocupar en la vida. Es de esperar que nuestra pluma vaya reflejando aquella perspectiva del mundo y de la vida en la que Dios nos haya colocado.

Poder escribir, comunicar, usar nuestra imaginación y nuestra fantasía para crear con palabras cosas nuevas, es algo que le debemos a Dios. El nos dio esas facultades tan esencialmente humanas y por lo tanto no debemos asombrarnos de que nos produzcan placer el emplearlas. Pero cuidado: No hagamos del placer de la creación literaria la meta de nuestro esfuerzo.

Volviendo a nuestra analogía expresada más arriba: recordemos que nuestro mundo está *enfermo*. Recordarlo hará que no tomemos la pluma livianamente. Pero saberlo no anulará nuestra creatividad. Al contrario, podría exigirla al máximo.

Trabajo 2

Oraciones

Oración: *Conjunto de palabras que expresan un concepto.* [*Diccionario*]

Si bien las palabras son nuestra "materia prima", la agrupación mínima de palabras es la oración. Un libro, por ejemplo, tiene varios "niveles" de estructura:

> El libro, que se compone de capítulos, que se componen de párrafos, que se componen de oraciones, que se componen de palabras.

Palabras sueltas son como una pila de ladrillos: es necesario juntarlos para que tengan utilidad. La excepción, por supuesto, es la oración de una sola palabra, como por ejemplo, "¡Miren!"

De nuevo buscamos claridad, lo cual normalmente implica sencillez. Aunque muchos piensan que las ideas profundas son difíciles de expresar, no tiene que ser así. Los escritos del apóstol Juan proveen un ejemplo de la profundidad expresada con sencillez.

Pero en esto hay varias trampas, especialmente para el escritor nuevo. Pensemos en algunas de ellas.

Interminables. El estilo moderno, en contraste con el de nuestros abuelos, utiliza la oración corta. Es más clara. Si esperamos escribir para un público amplio, necesitamos acercarnos al estilo "periodístico", de oraciones directas y cortas. Note estas dos versiones:

> *El hecho de que los procedimientos para el control de la natalidad puedan favorecer el triste aumento de la promiscuidad sexual entre parejas mundanas, no ha de afectar la discusión sobre la legitimidad o no de su uso en el matrimonio cristiano, ya que este mal existe y existirá.*

> *Es cierto que los medios disponibles para el control de la natalidad pueden estimular la promiscuidad. Pero ese abuso siempre ha existido. No debe*

ser un factor que afecte la discusión del tema entre los matrimonios cristianos.

Truncados. El otro extremo es la serie de oraciones demasiadas cortas. Es el estilo de un relator de fútbol, pero normalmente no hablamos así. Es mejor usar una variedad de oraciones que llevan al lector de idea en idea con fluidez. Por ejemplo, note la siguiente colección de oraciones truncadas:

El Reino de Dios no se limita a las fronteras de la iglesia. Abarca la creación entera. Dentro del mismo pueblo creyente no ha alcanzado todavía la plenitud. Cristo quiere ser reconocido sobre todo y sobre todos. Lo quiere dondequiera que el Evangelio es proclamado.

Ahora, veamos la versión "original" de estas oraciones. Note *cómo* se unen las partes truncadas de las oraciones, utilizando palabras de enlace como "porque, por otro lado".

El Reino de Dios no se limita a las fronteras de la iglesia, porque abarca la creación entera. Por otro lado, dentro del mismo pueblo creyente no ha alcanzado todavía la plenitud. Pero, dondequiera que el Evangelio es proclamado, Cristo quiere ser reconocido sobre todo y sobre todos.

A continuación hay otro ejemplo. De nuevo, note *cómo* se unen las oraciones truncadas.

Hay evangelistas que celebran Cruzadas masivas. Lo hacen en gran escala. Tienen resultados muy alentadores. Entre estos evangelistas se encuentra Luis Palau. Es un joven predicador argentino. Tiene un equipo de ocho hombres. Ellos han visto lo que llaman "un toque de avivamiento". Lo han visto en lugares tan diversos como...

Hay evangelistas que celebran Cruzadas masivas en gran escala con resultados muy alentadores. Entre estos evangelistas se encuentra el joven predicador argentino, Luis Palau. Junto con su equipo de ocho hombres, han visto lo que ellos llaman "un toque de avivamiento" en lugares tan diversos como...

Sobrecargadas. Es difícil escribir "económicamente", sin una carga de palabras que solamente llenan espacio. En la conversación es normal, pero necesitamos pulir lo que escribimos de las palabras que sobran. En las siguientes ilustraciones, destacamos las palabras innecesarias, y damos una versión revisada de la oración.

La manera en que las maestras miden la capacidad de sus alumnos es *por medio de* pruebas.
Las maestras miden la capacidad de sus alumnos con pruebas.

Creo que la mayoría de los padres *tienen el deseo* de ayudar a sus hijos.
Creo que la mayoría de los padres desean ayudar a sus hijos.

Juan no apareció, *debido al hecho de que* estuvo enfermo.
Juan no apareció porque estuvo enfermo.

La situación *que existía* en la iglesia llegó a ser insoportable.
La situación de la iglesia llegó a ser insoportable.

Enredadas. Las ideas dentro de una oración deben presentarse en un orden fácilmente reconocido por el lector. Ilustramos lo opuesto con un ejemplo tomado del "Manual de Estilo" (p. 254).

Muchos reclaman sus derechos sin tener en cuenta que pueden afectar a otros cuyos intereses son igualmente respetables en la justicia de sus reclamaciones en una sociedad donde se supone que se evita el sufrimiento del conflicto de intereses encontrados.

Note cómo se solucionó la enredada con dos oraciones directas:

Muchos reclaman sus derechos sin tener en cuenta que pueden afectar intereses ajenos. Los conflictos sociales se evitan con el reconocimiento y respeto de cada uno al derecho de los demás.

Si la relación de ideas dentro de una oración no es muy clara, es mejor dividir la oración. Si le costó mucho trabajo escribirla, es muy probable que le costará mucho al lector comprenderla.

En resumen: simplemente, el secreto de la buena redacción es limpiar cada oración hasta sus elementos esenciales. Eliminar cada palabra que no tiene una función, cada palabra larga que podría ser corta, cada adverbio que solamente repite el significado del verbo, cada elemento que debilita la fuerza de la oración.

Ejercicio

1 - Lo siguiente es una "lista de ideas" más que un párrafo. Escríbalo de nuevo, formando oraciones más apropiadas.

El incidente que dio origen a las Sociedades Bíblicas es bien conocido. En el año 1800 había una niña galesa, María Jones. Ella hizo un largo recorrido. Era de unos 45 kilómetros a pie. Quiso comprar una Biblia en su idioma. Este hecho tocó a algunos creyentes. Resolvieron fundar una sociedad. Era una sociedad que facilitaría la distribución de las Sagradas Escrituras. Así todo el mundo podría leerlas. No tendrían que hacer los sacrificios de María Jones. El 7 de Marzo de 1804 había una reunión. Se juntaron algunos predicadores y comerciantes cristianos. Ellos dieron 700 libras esterlinas. Eran para comenzar la obra. Poco habían de pensar estos buenos creyentes del resultado. La nueva Sociedad desempeñaría más tarde un papel grande en la evangelización del mundo. (CC17P27)

2 - Escriba una nueva versión del siguiente párrafo, para que sea más ágil y claro.

...salgamos por esta vez, de lo que podría ser una mera reseña de verdades, mandamientos o exhortaciones, para dedicarnos a ensayar el funcionamiento de todos ellos, en el marco de la congregación de aquellos que, en cualquier lugar, profesamos la misma fe en Jesucristo y formamos parte de una iglesia local. Veámoslo así: tratemos de descubrir el propósito de Dios cuando dejó establecido el concepto de trabajo en la iglesia, combinando para ello, en el día de hoy, la experiencia de los años pasados en esa actividad con la reflexión necesaria para "renovarnos en el espíritu de nuestra mente". Podremos desentrañar de esta manera, algo nuevo que nos permita estar mejor ubicados y podamos lograr satisfacción en la tarea que nos ha sido propuesta por el Señor. (CC16p6)

3 - Si tienen tiempo disponible, hay otros ejercicios que pueden probar para el uso de palabras y oraciones. Primero un ejemplo. A continuación comenzamos una oración:

En el patio de Juan...

La tarea es terminar la oración, sugiriendo un concepto, como por ejemplo, "el atardecer", pero sin utilizar la palabra "atardecer".

En este caso, una posibilidad será:

En el patio de Juan... las sombras crecientes apagaron los colores de las flores.

Terminen de esta manera las siguientes oraciones:

En la orilla crecía un sauce... (sugerir "viento")
Sus ojos... (sugerir "enojo")
Cada tanto... (sugerir "ruido")
Vino doña Inés... (sugerir "tristeza")

A continuación damos otra serie de oraciones. Cada una sugiere una imagen que deben completar. Esta vez no tienen que "sugerir" nada en particular, sino terminar la imagen que la oración le sugiere.

Bajo sus botas el pasto crujía...
Tras las rejas de la ventana...
No lo sintió...
Un incesante golpe metálico...

Comparen sus resultados.

Sugerencias para el trabajo en grupo

Ejercicio 2

Sugiero que utilicen de nuevo esta pauta en su evaluación: ¿Puede un chico de 12 años entenderlo?

Para la discusión

¿Están de acuerdo con el planteo de Elsa Powell en la Lectura 2? ¿Cuál es, realmente, el lugar del escritor *cristiano*?

Lectura 3

Claridad, concisión y sencillez

Alejandro Clifford [1]

El temor natural e instintivo frente a lo incomprensible y a lo oscuro, hace que mucha gente rinda pleitesía a escritores que no saben escribir y a predicadores que procuran cubrir con adjetivos rimbombantes el enorme vacío de sus sermones sin contenido. Y cuanto más largos sean los escritos y los sermones... ¡Mejor!

Como ejemplo de lo que quiero decir, transcribo a continuación parte de una crónica de Madrid, publicada por un periódico del Ecuador. Empieza así:

"El mundo moderno está encubertándose de un aterciopelado policrómico que produce la sensación de un taraceado iridiscente, orlado alrededor de flecos coloristas como los imaginados por Guigas, el gran malabarista de la imaginación. En la superficie de esta albuhera ecuménica flotan las reacciones de los fenómenos más intrincados y opuestos que la mente puede soñar. Las erupciones sociales de este siglo aparecen por generación espontánea de todos los ángulos y proyectan sus efectos en el campo de la política con violencia volcánica, para tratar de cambiar, o por lo menos variar unos grados, el rumbo de la lógica aristotélica tomista."

¿Qué le parece? Por solidaridad "gremial" no transcribo párrafos parecidos de algún libro evangélico. ¡El pecado de los "oscuros floripondios" también se comete entre nosotros!

No hay en nuestra época tiempo para leer, y menos para escribir esas ampulosas páginas tan populares a comienzos del siglo.

Dice el escritor español José María Pemán: "La síntesis ha sido siempre considerada en la faena intelectual como superior al análisis. Simplificar es una operación de difícil y rigurosa cultura. Paul Valery... afirmaba que su aprendizaje para la simplicidad estilística lo había hecho redactando telegramas para una agencia".

Cuando Napoleón reprendió a Talleyrand por la extensión de un comunicado suyo, el hombre le respondió citando palabras escritas por Blas Pascal en 1656: "Esta carta me ha resultado algo larga, porque no he tenido tiempo de hacerla más corta".

Son palabras que tienen un mensaje para nosotros.

Exactitud, claridad y sencillez. Tres elementos que deben estar siempre presentes en lo que deseamos comunicar.

Juan de Valdés (? - 1541), el reformador español al que muchos consideran el mejor prosista de su época precisamente por la claridad y belleza de sus escritos, en su célebre "Diálogo de la Lengua", transcribe la siguiente conversación:

"MARCIO: Queremos que nos digáis lo que observáis y guardáis acerca del escribir y hablar en nuestro romance castellano cuanto al estilo.

VALDES: Para deciros la verdad, muy pocas cosas observo, porque el estilo que tengo me es natural, y sin afectación alguna escribo como hablo; solamente tengo cuidado de usar de vocablos que signifiquen bien lo que quiero decir, y dígolo cuanto más llanamente me es posible, porque en ninguna lengua está bien la afectación."

Lo que Valdés llama "afectación" sigue siendo un vicio desagradable, en los escritos y en los sermones. ¿Por qué usar vocablos rebuscados y giros complicados...?

La afectación es una forma de simulación e hipocresía, es decir, un fraude.

"Escribo como hablo. Uso con precisión las palabras, con la mayor sencillez posible." Consejos de Juan de Valdés que haríamos bien en imitar siglos más tarde.

Escuchemos por último a Jorge Luis Borges, escritor cuya grandeza nadie discute, y cuyas obras han sido traducidas a todos los idiomas modernos. En una entrevista concedida al diario "La Voz del Interior" de Córdoba, Argentina, Borges decía respondiendo a quien le preguntaba qué aconsejaría a un joven con vocación de escritor:

"Le diría cosas muy evidentes... Le diría que buscara la sencillez, que pensara en el lector, no para asombrarlo, sino para poder entenderse con él. Le diría que desconfiara de los diccionarios... Le diría que tratara de escribir en lo posible, de un modo oral. Ya sé que el estilo escrito no puede ser el estilo oral, pero el escrito que se parece al oral... me parece el mejor de todos..."

¿Por qué me ocupo de estas cosas? Porque espero que sean de ayuda a algún lector que se sienta tentado a escribir o a hablar "en difícil". (¡Es *tan* fácil hablar en difícil!) En un artículo escrito "allá lejos y hace tiempo" dije algunas cosas que guardan cierta relación con las expuestas más arriba y que se refieren a nuestra acción como testigos de Jesucristo. Decía:

Cuando tenía diez años, mis padres me llevaban de vez en cuando a escuchar magníficos recitales de órgano en la ciudad inglesa de Liverpool, cerca de la cual residíamos en ese tiempo. Los organistas eran los mejores de Europa, y nos ofrecían selecciones de los grandes maestros, pero si bien el público aplaudía siempre, los aplausos se tornaban frenéticos cuando, dejando de lado a Bach y a Beethoven, el ejecutante interpretaba algunas canciones populares de Gran Bretaña. Lo demás era muy hermoso, pero las canciones del pueblo eran un lenguaje conocido que llegaba al corazón.

Algunos años más tarde, en Tucumán, fui con mi querido amigo Adib Massuh a escuchar una disertación en castellano sobre la poesía árabe. El orador era magnífico, pero la noche era muy calurosa, y el auditorio,compuesto de comerciantes árabes, estaba cansado y sin ganas de escuchar discursos, por bellos que fuesen. Pero de repente, al entrar en materia, el orador citó algunos versos en árabe. La concurrencia, semidormida, se despertó como un solo hombre, y el estruendo de los aplausos llenó la sala. Cada vez que era citado un poeta en su lengua original, acontecía lo mismo. Es que entonces, el orador hablaba en lenguaje conocido, que llegaba hasta el corazón. Mucho he pensado sobre los dos casos citados. "Dadles vosotros de comer", es el mandato del Señor. Y cuánto de lo que hay en nuestros sermones y nuestros escritos pretende ser música de Bach u oratoria elocuente. Algo muy hermoso, tal vez, pero que no es alimento espiritual que llegue a los corazones...

Luego de escribir lo que antecede, me llegó un folleto publicado por una de nuestras grandes universidades. Se trata de un ensayo filosófico, y me dispuse a leerlo. Bien poco duró mi lectura, pues me encontré a cada paso con párrafos totalmente incomprensibles para un hombre sencillo y de enciclopédica ignorancia en materia filosófica como lo soy yo. ¡Hay que saber mucho para entender las líneas que transcribo a continuación!

Si dejamos ser-esencialmente la cosa en su cosificar desde el mundo mundanizante, pensamos, entonces, en la cosa como cosa. Pensando de tal manera nos interesamos por la esencia mundanizante de la cosa. Pensando así somos referidos a la cosa en cuanto cosa. En el sentido riguroso de la palabra somos encausados. Hemos dejado que la usurpación de lo desencausado nos adelante. Pensemos la cosa en cuanto cosa, respetemos entonces la esencia de la cosa en el ámbito en que ella es-esencialmente.

Supongo que a mis amigos filósofos, esto les resulta perfectamente claro. Lo que es a mí...

Es que se trata de un lenguaje que sólo entienden los "iniciados", aquellos cuyos conocimientos y preparación previa los habilita para estudios de esta clase.

En el mundo evangélico pasa algo parecido. Alguien me decía hace poco que los cristianos hablamos una jerga que resulta en gran parte incomprensible a los que comienzan a asistir a nuestras reuniones.

Y por cierto que es una lástima. Preguntémonos si el mensaje del evangelio según lo anunciamos en nuestras conversaciones particulares, en nuestros escritos y desde nuestros púlpitos, además de la pureza de doctrina tiene la necesaria claridad de lenguaje...

Trabajo 3

Párrafos

Párrafo: *Un grupo de oraciones coherentes, relacionadas, que desarrolla una sola idea y la amplía con detalles.*

Las divisiones principales de ideas dentro de un escrito se hace por medio de párrafos. Un nuevo párrafo señala al lector que viene una nueva idea. Cuando se escribe conversación, a veces una sola oración puede ser un párrafo. Pero normalmente, el párrafo es un conjunto de oraciones relacionadas y ordenadas. Note, como ejemplo, que los párrafos en el ensayo de Elsa de Powell (Lectura 2) se forman con una a siete oraciones.

Hay varias pautas que debemos tomar en cuenta cuando escribimos un párrafo.

Claridad. La claridad exige que:

La progresión de ideas sea lógica, ordenada. El lector no tiene que detenerse para buscar el hilo de pensamiento. El uso de palabras y expresiones de enlace crean relación entre oraciones: Después, Al contrario, En primer lugar, etc.

El párrafo tenga una idea central que se puede reducir a una oración corta. El estilo "periodístico" normalmente afirma la idea central directamente en la primera oración:

Las reuniones de la flamante Asociación para la Evangelización de Angola han despertado mucho interés en el pueblo evangélico.
El evangelista Juan Pérez creó una polémica aguda por sus afirmaciones sobre el uso de baterías en la iglesia.

Toda oración de alguna manera ha de apoyar y desarrollar la idea central. Lo más difícil para el escritor es eliminar esa oración tan "brillante", pero que realmente no tiene nada que ver con la idea central.

Coherencia. La coherencia exige que siempre usemos la misma persona al escribir. ¿Voy a dirigirme al lector como "tú" o "usted"? ¿Voy a escribir como "yo" o "nosotros"? En un sentido, no importa cuál utilicemos, pero sí hay que mantener la misma persona durante todo el escrito.

Fuerza. ¿Ese párrafo realmente aporta algo al lector? ¿Es necesario... o meramente "interesante"? El buen párrafo atrapa la atención del lector en su principio, y lo impulsa a seguir leyendo hasta su final.

Un autor dijo lo siguiente [2]:

"Escribo cada párrafo cuatro veces:

Una vez para decir lo que quiero decir.
Otra vez para incluir todo lo que olvidé la primera vez.
De nuevo para eliminar todo lo innecesario.
Finalmente para dar la impresión de que es una idea que recién se me ocurrió."

Ejercicio

1 - Las siguientes oraciones no son coherentes, aunque tengan cierta relación entre sí. No necesariamente están en su orden correcto. Es decir, es posible que la primera oración en la lista, no sea la primera idea en el párrafo. ¿Qué orden daría a la lista?

Normalmente es la primera oración la que determina el significado general del párrafo. En un sentido, las oraciones siguientes dependen de esa primera.

Se pueden hacer de estas 4 oraciones, dos párrafos diferentes, con énfasis diferentes, según cuál sea la primera.

Intente escribir dos párrafos, con dos enfoques diferentes, utilizando estas cuatro oraciones:

He tenido muchas experiencias dolorosas al cargarme con demasiadas responsabilidades.
Los trabajos que la gente de la iglesia piensa importantes, no siempre lo son para Dios.
Tener demasiados dones es tanto un problema como no tener ningún don reconocido.
Simplemente porque no hay nadie para hacer un trabajo, no quiere decir que yo tengo que hacerlo.

2 - El siguiente escrito fue tomado de una revista donde hemos eliminado las divisiones entre párrafos. Divídalo en párrafos. (El original está al final de las notas, pero *no lo mire* hasta que haya hecho su propia división. Tampoco se debe revisar su trabajo en base al original. ¡Quizás el suyo sea mejor!)

El bombardeo ha terminado. La gente sale de los refugios antiaéreos. Y un niño llora porque una bomba le ha destruído sus juguetes. La guerra ha llegado al cuarto de los niños. Esto sucedió en Palestina. Pero pudiera llegar a suceder aquí, en nuestra pacífica Argentina. Ya están los guerrilleros a poca distancia de nosotros, en Perú. Así comenzó la guerra de Vietnam. ¿Y si la guerra —la guerra de verdad— llegara alguna vez al cuarto de nuestros niños? ¿Si irrumpiera en nuestra pequeña felicidad aquí abajo? Difícil pensar en guerra cuando el cielo es azul, y el sol calienta el patio en los tranquilos días de invierno. El ritmo de la vida se desarrolla lentamente, siempre igual, y parece que siempre hubiera sido así, y que siempre habrá de ser así, hasta la consumación de los siglos. Pero, ¿es que habrá un final? Y éste, ¿cómo será? ¿Será un final de guerra, o de paz? ¿Saldrá al final el sol, o las nubes tendrán la última palabra? Porque toda cosa ha de llegar a su término, y a su completo desarrollo: el bien y el mal, la paz y la guerra. "El trigo y la cizaña crecerán juntos hasta la siega". Toda semilla germinará y llevará fruto. Y la semilla de la guerra está aquí, entre nosotros. Sólo falta que sea quitado de en medio el obstáculo que lo impide. Aún no ha llegado nuestra hora. Pero hay quién está decidido a no descansar hasta convertir nuestros campos en hogueras, nuestras calles en campos de batalla, el cuarto de nuestros niños... (C30P181)

3 - Escriba un párrafo (solamente uno) con dos o más oraciones, sobre "algo que me ocurrió hoy". Es decir, debe ser algo que le pasó, algo que hizo o algo que había pensado.

Hagan una evaluación en conjunto del resultado, basada en estas tres preguntas:

¿Está completo? El párrafo no debe ser el comienzo de algo más largo, sino completo en sí.

¿Es coherente? ¿Hay orden lógico en las oraciones? ¿Se entiende todo?

¿Está sobrecargado? Es decir, ¿hay palabras que sobran?

¿Incluye elementos que distraen en vez de complementar la idea central?

Sugerencias para el trabajo en grupo

Ejercicio 2

Es interesante el contraste entre leer estas oraciones en un solo bloque, y leerlas divididas en párrafos. Queda a la vista la necesidad de evitar párrafos largos.

Ejercicio 3

Aquí se puede hacer un ejercicio sobre párrafos utilizando la lectura 2. Según el diccionario, un párrafo desarrolla una sola idea. Anoten, para el ensayo de la página 12, esa idea para cada uno de sus 14 párrafos.

Luego, comparen los resultados. Si hay un párrafo donde no están de acuerdo, esto implica que el párrafo *no* es claro. Puede ser que esté mal redactado, o que intenta incluir demasiadas ideas. Si encuentran un caso así, busquen identificar la razón del por qué la idea central no es clara.

Para la discusión

Alejando Clifford, autor de la lectura 3, era profesor universitario, periodista, y un escritor muy apreciado.

¿Qué les parece su planteo? ¿Qué les parece su propio estilo? ¿Cuáles son las características de su estilo que lo hace tan particular?

Espero que haya tomado mi consejo de comenzar a escribir todos los días... escribir cualquier cosa. Si no lo hizo, es aún más urgente que lo comience ahora. Puede ser antes de dormir, o durante el viaje al trabajo, o en vez de comer el postre, o en cualquier momento. Lo importante es comenzar.

Lectura 4

Cómo comenzar

Bill McConnell, ABUA Editors, Brasil

Los expertos muchas veces se olvidan de sus primeras luchas, y ofrecen a los principiantes consejos demasiados sofisticados. Es por eso que —a manera de una mano extendida para los que están recién comenzando a trepar la senda hacia la publicación— yo ofrezco las siguientes ideas:

La literatura cristiana crece a partir del servicio. Lo primero que a mí me publicaron fue una carta que escribí a una estudiante, animándola a asistir a un proyecto evangelístico de verano. La carta llegó a manos de la revista "His" (revista estudiantil de los EE. UU.) quien la publicó en forma de artículo. (Entre paréntesis, la estudiante aceptó mi invitación y Dios la usó mucho aquel verano).

Sin embargo, en vez de sentirme complacido al ver que se publicaba un escrito mío, me sentí molesto. Tenía miedo de "lanzarme al público" con mis ideas y convicciones. Mis profesores solían analizar no sólo los escritos sino también a la personalidad de los escritores del pasado, y generalmente los dejaban mal parados. Bien sabía que lo que yo escribía brotaba de lo que yo era, y no tenía interés en que los sicólogos —fueran profesionales o no— vinieran en el futuro a disecarme y luego descartarme, como hacían con todo lo histórico. Para evitarlo, decidí que no escribiría nada.

Pero el desenlace comenzó cuando desahogué mis dudas e interrogantes con un amigo quien me urgió a que comenzara un diario, ¡precisamente el consejo que no quería recibir! Luego medité de nuevo sobre esa carta que no había mandado a publicar, y me di cuenta de que fue solamente una carta leída por más personas de las que yo había esperado. Sirvió para que me diera cuenta de la diferencia artificial que yo había hecho, de lo que sólo eran diferentes formas de servicio.

A medida que Dios me fue liberando para que compartiera mi persona con otros, escribir dejó de resultarme un hecho embarazoso.

Con respecto a la actualidad, hace poco apareció en la revista "His" un artículo que explica lo que estoy haciendo en Brasil, y fue inicialmente una charla que di a un grupo de estudiantes. El libro "The

Gift of Time", comenzó como seminario acerca de aspectos organizativos del trabajo en equipo. Sólo recién he comenzado a aceptar artículos a pedido, escritos después de investigar un tema. Porque cuando me inicié, escribir era para mí simplemente una forma de "decir" más precisa y ordenadamente lo que ya había dicho antes.

Un cristiano que recién se inicia en escribir debiera, en primer lugar, descubrir qué otro servicio ha venido ejerciendo: ¿Enseña en la Escuela Dominical? ¿Ha guiado a otros a Cristo? ¿Ha pertenecido a un grupo de estudio bíblico? ¿Ha participado en algún proyecto de servicio? De estas experiencias surgirán muchos ejemplos, ilustraciones, y aún modelos para escribir ficción.

La persona que tiene un servicio es la que ha visto una necesidad y ha respondido a ella. De modo que yo suelo aconsejar a mis alumnos cuando no saben de qué escribir que se hagan las siguientes preguntas:

1 - ¿Ha recibido últimamente alguna intuición fresca de la Biblia, alguna verdad que no había entendido antes? ¿Cómo comenzó a ponerla en práctica? ¿Qué resultados tuvo?

2 - ¿Ha ayudado a alguien en su vida personal por medio de la Biblia? ¿Cuál era el problema? ¿En qué modo le sirvieron de guía las Escrituras? ¿Qué resultados tuvo?

3 - ¿Está llevando a cabo su iglesia algún buen proyecto: un esfuerzo evangelístico, entrenamiento de líderes, algún trabajo con la juventud, programas musicales, estudios bíblicos en los barrios, etc.? ¿Cómo comenzó? ¿Qué factores ayudaron al éxito? ¿De qué manera podría otro grupo aprender de su experiencia?

Las respuestas que parten de un "sí", enfocan fácilmente algo sobre lo cual escribir. Más importante aún, algo que Dios está haciendo y de lo cual se es testigo. Quien escribe así, podrá ayudar a otros a ver lo que él ha visto de la obra de Dios en el mundo. La persona que no puede pensar nada para contestar en alguna de estas tres áreas, deberá desarrollar su don en otras áreas, antes de decidirse a escribir.

Trabajo 4

La descripción - 1

Adaptado [3]

La descripción nace de la observación. Puede ser del mundo que nos rodea, o del mundo interior. Pero en ambos casos, el escritor lucha para hacer tangible algo que ha observado o sentido. Si lo que él crea comunica algo o no, depende de la agudeza de su observación.

¿Por qué no hace la prueba ahora? Mire adelante. ¿Qué forma tiene el primer objeto que ve? ¿Con qué lo puede comparar? ¿Es como una olla, un castillo, un bastón, un...? ¿Qué colores tiene? ¿A qué se parece... la arena, sangre, un tronco viejo de un árbol? ¿Qué sonidos puede sentir? ¿De dónde vienen? ¿Quién estará produciéndolos?

¿Puede sentir algún olor? ¿Comida, humo, perfume, pasto...? ¿De dónde vienen estos olores?

Cierre los ojos y toque cualquier objeto que tenga a su lado. ¿Cómo es su superficie... cálida, suave, áspera, fría...? ¿Con qué otras cosas lo puede comparar?

Necesitamos mirar, escuchar, sentir el mundo que nos rodea para identificar los elementos que lo componen. Nuestros sentidos registran todas esas sensaciones automáticamente, y ni nos damos cuenta cómo la "computadora" de nuestra mente sintetiza todo para que podamos identificar lo que observamos. Pero si vamos a comunicar lo que observamos, necesariamente tenemos que tomar elementos de todos los sentidos, identificarlos y expresarlos en un lenguaje que mueva a otras personas a visualizar lo que pensamos.

Preguntamos, entonces: ¿Qué es lo que deseamos lograr con la descripción? Más que todo, estimular la imaginación. Deseamos sembrar sugerencias, fragmentos de ideas, que la mente de la otra persona pueda sintetizar y así por medio de la imaginación, sentir lo mismo que sentimos nosotros. Pero destacamos: *estimular la imaginación*, no decirlo todo. De veinte impresiones que podemos identificar de un objeto, necesitamos seleccionar unas pocas —tal vez no más de dos o tres— que puedan servir para activar la imaginación. Presentamos aquí una ilustración. Observe la manera en que los dos párrafos siguientes describen la misma escena:

Aquel desierto es notable por su falta de vida. Casi no tiene vegetación, ya que nunca recibe lluvia. La tierra misma es de una arena rocosa, que apenas puede dar vida a unos arbustos bajos con hojas esparcidas. Hay pocos caminos rudimentarios que los cruzan, y casi nunca se los utiliza. Ya que el desierto es un plano, corren a menudo vientos sumamente fuertes, levantando nubes de tierra. Durante el día, el sol crea espejismos que parecen lagos de agua a la distancia. En resumen, es un lugar realmente desagradable.

El camino seguía, casi borrado, hacia el espejo de agua creado por el ondulante calor. Huellas antiguas de carro, surcadas por el viento, dibujaban una imagen tenue bajo la capa de polvo. A veces una roca, o un arbusto de sombra salpicada, desfiguraba la monotonía de la arena rocosa. Tierra incinerada, tierra muerta, tierra maldita.

Las dos descripciones dicen lo mismo, pero la primera detalla, la segunda sugiere. La primera es explícita, mientras que la segunda es implícita. La primera ofrece datos, mientras que la segunda crea imágenes.

De estas ilustraciones deducimos otro aspecto importante de la descripción: el uso del lenguaje figurado. Podemos dar a casi todas la palabras un significado no literal. Hablamos de una "mente hueca", del "calor" humano, de una "personalidad rígida", de un "cielo herido", y el uso de estas palabras en su sentido figurado da color a la descripción.

El libro "El arte de redactar" de Juan Martos da varios ejemplos de este uso de las palabras:

"Por la *herida* techumbre penetraba la luz."

"Las palmeras se *acostaban con graciosa pereza.*"

"Los rostros *denunciaban* el duelo."

"Nuestra bandera azul y blanca se extiende *como una inmensa ala.*"

"Las brillantes estrellas *parecían lejanos diamantes.*"

"El sol *vomitaba calor como un horno.*"

La utilización de la descripción bien pensada da "personalidad", vida a la prosa común. Sin embargo, es necesario evitar la utilización de sentidos figurados que están trillados por su excesivo uso, por ejemplo: "blanco como la nieve", "fuerte como un toro", y posiblemente el ejemplo dado arriba de comparar las estrellas con diamantes.

En el ejemplo siguiente se describe una escena utilizando una figura:

La neblina descendió, gimiendo silenciosamente al encontrarse con las peñas. Calada por los pinos en las faldas de los cerros, intentó agruparse en el lecho del valle, rodeando los sauces, empapando los pastos. Al huir del sol naciente, dejó al descubierto los alambrados, los chivos, los sembrados, y penetró aún más en la quebrada buscando protección en el arroyo. Cuando los rayos del sol tocaron el techo del rancho del viejo Giménez, la neblina ya había regresado al seno de la tierra.

Termino con una advertencia: **Tenga cuidado de no utilizar demasiados adjetivos, de cargar la descripción con muchos detalles, de exagerar el uso del lenguaje figurado**. Recuerde las pautas generales de la unidad tres. Lo que debemos hacer es dar cosquillas a la imaginación del lector, no golpearla con un martillo.

Ejercicio

1 - Este ejercicio viene del libro "El arte de redactar" de Juan Martos. Es un ejercicio para crear imágenes. Cada una de las siguientes oraciones sugiere una imagen, que usted debe completar. Damos dos ejemplos del mismo libro:

A la orilla de los caminos... se estiran las perezosas sombras del atardecer.

El pastizal amarillo de la llanura... llora la ausencia de la primavera.

De la misma manera, complete las siguientes oraciones:

El cardo humilde...

La frente del poeta...

Una que otra estrella...

En su semblante...

Sólo a ratos...

El salvaje torrente...

Tras las rejas de una ventana...

Menudas gotas...

Comparen sus resultados. Busquen economía de palabras, pero también poder de descripción.

2 - Prepare la descripción de cuatro cosas diferentes. Las descripciones no tienen que ser largas; un párrafo puede ser suficiente. Deben referirse a:

1 - Un objeto físico, inanimado.
2 - El movimiento de cualquier cosa.
3 - Una emoción.
4 - Algún ser vivo, que no sea persona.

Sugerencias para el trabajo en grupo

Si tienen tiempo, hay otro ejercicio sobre la descripción que pueden hacer en el grupo mismo. Piensen cómo personas diferentes bajan una escalera. Intenten, cada uno, describir un caso (por ejemplo, un niño muy pequeño, una mujer embarazada, etc.).

Para la discusión

El planteo de Bill McConell es muy práctico. Responde a la pregunta que se oye a menudo: "Me gustaría escribir, pero no sé de qué escribir."

¿Alguno de ustedes ha tenido una experiencia similar a la de McConell? ¿Ha publicado algo? ¿Cómo comenzó? ¿Qué puede hacer la persona que sabe escribir, que tiene algo de valor para decir, pero que no tiene cómo publicarlo?

Lectura 5

La comunicación hacia los no creyentes

Elsa de Powell [4]

Existen ciertos problemas propios del lenguaje religioso:

El peligro de no decir nada concreto.

El peligro de su "chatura", vale decir, hablar de Dios y del mundo espiritual como si se estuviera describiendo el estante de la alacena.

El peligro de su autenticidad, es decir, usarlo no porque sepamos por experiencia lo que es, sino "porque es religioso" y sirve para lograr efectos.

Veamos ahora si el lenguaje de la literatura "evangélica" no reviste problemas específicos.

Hemos observado que otras revistas cristianas (como los periódicos de parroquias católicas o grupos adventistas), tienen por lo general una lectura fácil y amena, y suelen llegar al lector a través de un lenguaje directo y accesible. Sus artículos versan sobre temas familiares, y de interés general aunque más de un evangélico frunciría el ceño y comentaría: "son superficiales", no son "realmente espirituales", etc.

Por el contrario, basta levantar una revista o librito típico de una librería evangélica para detectar una atmósfera enrarecida. ¿Qué es lo que contribuye a crear este clima tan especial?

Compare estos dos escritos, referidos al mismo pasaje de la Biblia, y vea cuál le atrae más:

> *Era algo así como el Lourdes de la antigüedad; un lugar al que concurrían los enfermos a buscar una curación sobrenatural. Al mirar atentamente a una de las cinco colonadas que daban al pequeño estanque es probable que te hubieses sentido deprimido, una vez que tus ojos se hubiesen acostumbrado al crepúsculo, frente al espectáculo de la gente enferma y angustiada...*(Juan White, *Certeza*, N 23, *p.* 110)

> *En cierta ocasión el Señor visitó un estanque llamado* Betzata (*Juan* 5:2) *en donde yacía una multitud de enfermos. Ese día, era día de reposo*

(*Exodo* 20:8), *y la costumbre judía prohibía hacer trabajos manuales* (*Levítico* 19:30 *y Deuteronomio* 5:12)....

Antes de empezar a escribir, pensemos **a quién** va dirigido lo que estamos escribiendo. Si no es un estudio bíblico —sino algo que debe ser leído por un lector medio— la profusión de citas sólo servirá de luz roja para hacerlo escapar. Los argumentos bíblicos, cuando sabemos traducirlos al lenguaje ordinario, tienen una fuerza comunicativa que no requiere de etiquetas de autoridad para que la gente las acepte. ¿Para qué abrumar al lector no especializado?

***Primer principio*: Trate de escribir con naturalidad, expresando contenidos bíblicos en sus propias palabras.**

La jerga piadosa

En la mayoría de los libros y revistas evangélicas hay una especie de "segundo idioma" formado por terminología "piadosa". Suponiendo que cierta terminología sea inevitable, ¿por qué pretendemos que cualquier persona la reconozca automáticamente? ¿Acaso conocemos nosotros el lunfardo de la cancha, o el tecnicismo de los corredores de autos? ¿Por qué pensamos que por ser "piadosa" nuestra jerga tiene que ser entendida? Es ilógico tratar de convencer a alguien con palabras que no entiende: las palabras "piadosas" no se vuelven automáticamente convincentes.

Dos ejemplos:

"*Rociados por la sangre...*"
"*Tiene la unción del Espíritu...*"

¿Cuántos están en condiciones de captar su significado?

No pretendemos decir que es imposible evitar esos términos. C.S. Lewis, el conocido catedrático de Oxford, hasta hace pocos años fue el escritor que más profundamente caló en temas espirituales y de apologética cristiana, y lo hizo en el más diáfano lenguaje del hombre común. A su muerte, el periódico *The Times* dijo, entre otras cosas:

Logró despertar y mantener la atención de aquellos que por lo general eran apáticos a todo lo religioso... aquellos que se jactaban de ser agnósticos. Logró hacer que sus libros religiosos fueran "best sellers" ...

Lo logró porque no se dejó tentar por el uso de una jerga piadosa.

Segundo principio:* Eliminemos *la "jerga" que hace que nuestras palabras parezcan escritas en otro idioma.

La pertinencia

Seamos honestos: ¿Cuánto de lo que se escribe es relevante hoy, aquí, en nuestra vida cotidiana? ¿Ilumina siquiera alguno de los titulares que leemos en los diarios? ¿O será que no leemos diarios? Si por medio del evangelio no podemos hacer un puente hacia la vida real, ¿de qué sirve? Jesucristo siempre vinculó su mensaje de vida eterna, con las circunstancias concretas de su época. Lo mismo hacían Pablo y los otros apóstoles. Basta mencionar algunos de los temas que abordaban: relaciones patronales, vínculos matrimoniales, qué hacer con el incesto, cómo evitar la promiscuidad, el uso de los bienes, la conducta obrera, la naturaleza del estado, etc.

Los evangélicos, lamentablemente, creemos tener la mirada en el cielo, pero de hecho, lo que tenemos en muchos casos es la cabeza bajo la tierra, como el avestruz. ¿Qué podemos hacer para llegar al lector contemporáneo?

Indudablemente, tener un interés real por su mundo y por su vida. Conocer sus necesidades, sus esperanzas y temores, lo que lo hace reir y lo que lo hace llorar. Por supuesto, no basta compenetrarse con todo esto, sino que es preciso saber extraer el significado real que anima los acontecimientos. Debemos aprender a "leer" la vida con los ojos de Cristo.

¿No es fácil? Por supuesto, no es fácil. Todos conocemos la experiencia de terminar la última página de un libro, ver caer el telón después de una obra, o simplemente escuchar una conversación, y quedar abrumados por la fuerza persuasiva de razones y principios no-cristianos. Nos sentirnos enfrentados, sin saber qué decir, ante un mundo cuya complejidad nos desconcierta. Discernir la verdad es un ejercicio doloroso, que requiere total honestidad con nosotros mismos y con Dios. Pero no importa cuán débil sea el hilo de nuestra fe y cuán acosada de dudas ocasionales, este punto de partida es más útil en manos de Dios que una religiosidad. Job habló más profundamente de Dios en medio de sus dudas que como lo hicieron sus amigos piadosos.

***Tercer principio*: Tratemos de llegar a la gente.**

Trabajo 5

La descripción - 2

Sara Dale [5]

La descripción de personas puede considerarse una de las más difíciles y, a la vez, fascinantes tareas del escritor. Exige mucho de nuestra parte porque además de una descripción externa y física de la persona, queremos comunicar una dimensión interna (aspectos como el carácter, estados de ánimo, etc.) que ayudará al lector a ver al personaje tal cual es.

I. La descripción externa

Como en el caso de las descripciones de objetos o escenas que estudiamos en el capítulo anterior, la observación es de suma importancia. Los escritores de escuelas realistas o naturalistas dedicaban páginas enteras a descripciones exhaustivas, sea de escenas o de personajes. Para el lector moderno, tan acostumbrado (¿mal acostumbrado?) a las técnicas más rápidas y ágiles del cine o la televisión, muchas veces estas descripciones resultan largas, pesadas y no le interesan en absoluto. Sin embargo, sus autores son cuidadosos observadores de los detalles que "dan vida" a sus personajes.

Recuerde que queremos activar la imaginación del lector, fijándonos en los detalles esenciales y en los que, realmente son característicos, buscando que sean expresivos, es decir, que tengan la cualidad de hacer evocar algo en la mente de nuestro lector. Es bueno recordar que cada persona es única y representa un mundo de experiencias, sueños y cualidades que queremos "captar" a través de nuestra descripción.

A continuación tenemos un ejemplo para analizar:

Su cabeza no era grande, más bien era pequeña, pero bien formada; sus orejas eran medianas, redondas y asentadas en la cabeza; por el poco pelo que usaba, negro, lacio, corto y peinado a la izquierda.. La boca era pequeña; sus labios de regular grueso, algo acarminados.

En este pasaje vemos algunos de los "peligros" que deben evitarse:

1) **El excesivo uso del verbo "ser"**: aparece cuatro veces en estos pocos renglones. Es un verbo estático y, en consecuencia, el retrato resulta sin vida.

2) **Términos vagos o inexactos**: abundan adjetivos poco expresivos o no muy precisos, por ejemplo: "su cabeza no era grande"; "orejas medianas" o "labios de regular grueso". Estas oraciones no nos ayudan a visualizar a la persona. Además hay algunas expresiones inexactas: "orejas redondas" (¿?); "el poco pelo que usaba" (el pelo no se 'usa').

3) **Oraciones redundantes**: estas tienen una tendencia a aparecer con mucha frecuencia en las descripciones. Por ejemplo: "sus orejas... asentadas en la cabeza". Recuerde que estamos tratando de llegar a lo particular o característico de la persona. ¿Para qué repetir lo que es común a todos? Si las tuviera asentadas en otra parte del cuerpo, ¡entonces sí valdría la pena comentarlo!

Comparen la descripción de arriba con la que se encuentra a continuación, tomada del famoso cuento de Guy de Maupassant, "Bola de Sebo" (1880):

> *La mujer, (una de esas denominadas galantes), era célebre por su gordura precoz que le había valido el sobrenombre de* "Bola de Sebo". *Bajita, redonda por todas partes, mantecosa, con dedos hinchados estrangulados en las falanges, como rosarios de cortas salchichas, con una piel reluciente y tensa, un pecho enorme que se desbordaba bajo el traje, era, sin embargo, apetitosa y estaba muy solicitada pues daba gusto ver su lozanía. Su rostro era una enorme manzana roja, un capullo de peonía a punto de florecer, y en él se abrían, arriba, unos magníficos ojos negros, sombreados por largas y espesas pestañas que los oscurecían aún más.*

Notemos:

1) **Los adjetivos expresivos**: gordura precoz; mantecosa; estrangulados; reluciente; apetitosa. Lea nuevamente el primer pasaje y compare el resultado.

2) **Las imágenes**: que refuerzan la descripción:

rosarios de cortas salchichas (¿se imagina sus dedos?)

un capullo de peonía a punto de florecer (que no sólo da la idea del color, sino también de la forma de la cara de la mujer y de su piel tensa).

El impacto de estas imágenes está en su *originalidad* (nos toman de sorpresa) y en su *poder sugerente*. Nos ayuda a construir la imagen en la mente porque la asociamos con objetos ya vistos por nosotros. Claro que no hay que abusar de estos recursos (el uso de adjetivos e imágenes). Es mejor **no condimentar demasiado.**

En resumen: Queremos buscar o emplear:

términos *precisos* y *expresivos;*

seleccionar lo *significativo* y *característico;*

usar *imágenes evocativas*, pero con discreción.

II. La descripción interna

A primera vista nos parece casi imposible describir "cómo" es una persona. Pero tenemos algunas "pistas" valiosísimas. Nuestros gestos, expresiones de la cara y nuestras acciones nos "traicionan" y al describirlos se puede ver *algo* de lo que estamos pensando y sintiendo. Digo *algo* porque es evidente que el ser humano siempre tiene la posibilidad de encubrir, si quiere, sus sentimientos, o disimularlos.

La clave de la descripción de personas, entonces, es la **sugerencia**. Permitimos que el lector descubra por sí mismo cómo es el personaje. Sembramos ideas, detalles, que su imaginación puede utilizar para crear un cuadro individual.

En resumen:

El lector debe descubrir al personaje mediante el uso de la *sugerencia*.

Recordar la importancia de una *observación detallada* de gestos, expresiones de la cara y acciones, además de los aspectos físicos.

Tratar de que nuestras descripciones sean *dinámicas*.

Ejercicio

1 - Piense en una persona amiga o conocida. Piense también en cómo actúa, o qué expresión facial hace, cuando siente:

- rabia
- emoción
- aburrimiento
- nerviosismo

Prepare cuatro descripciones de esa persona, que revelan cómo se reconoce su estado de ánimo.

2 - Hemos mencionado la importancia de observar bien a la gente. Todos tenemos oportunidades para hacerlo aunque muchas veces no las aprovechamos.

Puede ser camino al trabajo, o mientras esperamos pagar una cuenta en el banco, o mientras estamos con los niños en las hamacas, etc. Pruebe el siguiente ejercicio: observe a una persona desconocida. ¿Por qué le llama la atención? Fíjese en tres o cuatro detalles que le parezcan dignos de incluir en una descripción escrita. ¿Qué está haciendo y cómo? Al llegar a casa escriba una corta descripción de esta persona.

Realice también la descripción (de no más de una carilla) de una persona conocida. Intente hacerlo incluyendo elementos de descripción *externa* (parte I de este capítulo) o de la descripción *interna* (parte II).

Sugerencias para el trabajo en grupo

Para hacer este ejercicio deberán dividirse en grupos de dos o tres personas, con el propósito de leer y comentar un pasaje del libro de Vargas Llosa: "La guerra del fin del mundo".

Uno de los grandes secretos de la descripción es **la sugerencia**. Queremos que el lector descubra por sí mismo cómo es el personaje. Queremos que sea participante activo, recreando el cuadro en su imaginación.

Como ilustración estudie estos dos párrafos del libro "La guerra del fin del mundo". Con estas palabras Vargas Llosa comienza su libro y nos presenta al personaje central:

El hombre era alto y tan flaco que parecía siempre de perfil. Su piel era oscura, sus huesos prominentes y sus ojos ardían con fuego perpetuo. Calzaba sandalias de pastor y la túnica morada que le caía sobre el cuerpo recordaba el hábito de esos misioneros que, de cuando en cuando, visitaban los pueblos del sertón bautizando muchedumbres de niños y casando a las parejas amancebadas. Era imposible saber su edad, su procedencia, su historia, pero algo había en su facha tranquila, en sus costumbres frugales, en su imperturbable seriedad que, aún antes de que diera consejos, atraía a las gentes.

Aparecía de improviso, al principio solo, siempre a pie, cubierto por el polvo del camino, cada cierto número de semanas, de meses. Su larga silueta se recortaba en la luz crepuscular o naciente, mientras cruzaba la única calle del poblado, a grandes trancos, con una especie de urgencia. Avanzaba resueltamente entre cabras que campanilleaban, entre perros y niños que le abrían paso y lo miraban con curiosidad, sin responder a los saludos de las mujeres que ya lo conocían y le hacían venias y se apresuraban a traerle jarras de leche de cabra y platos de farinha y frejol.

¿Es una descripción estática o dinámica? ¿Por qué?
¿Cómo logra sus efectos el autor?
¿Cómo nos presenta su personaje?
Notemos:
1 - Cómo crea un ambiente de misterio alrededor del personaje.
2 - Los verbos y adverbios del segundo párrafo (por ejemplo: avanzaba resueltamente; a grandes trancos).
3 - La descripción de las reacciones de otras personas.

Para la discusión

La ponencia de Elsa de Powell (Lectura 5 enfrenta un tema difícil para muchos escritores (y predicadores). ¿Cómo entienden sus tres "principios"? ¿Están de acuerdo, o no? ¿Por qué?

Lectura 6

El diálogo

Elsa de Powell [6]

¿Nunca le ha pasado que al levantar el tubo del teléfono encontró las líneas ligadas y sintió la tentación de escuchar en silencio lo que decían? ¿O tuvo que bajar del ómnibus después de haber seguido atentamente un diálogo entre dos personas sentadas detrás, y lamentablemente tener que quedarse sin conocer "el final"?

¿Por qué será que las conversaciones nos atrapan? Creo que una posible respuesta es que un diálogo pareciera acercarnos más que ninguna otra cosa al "pulso" real de la vida. En ellos late algo muy especial; la personalidad "en vivo" por así decirlo.

Por supuesto, no todos los diálogos nos fascinan. Pero aún las conversaciones triviales son la llave —repito— para tomarle el pulso a los hablantes. A veces con una mínima oración está todo dicho. En ese instante se cataliza una imagen en nuestra mente, que va más allá de las palabras, e intuimos qué clase de personas son.

Desde tiempos muy antiguos el diálogo formó parte de la literatura. Hoy se conocen los diálogos platónicos del siglo IV a. C. cuyo propósito parece haber sido hacer más atractivo y ameno el denso contenido filosófico que intentaban comunicar. En cierta manera sigue siendo así: el diálogo es un recurso literario que vuelve más amena la lectura.

I. Reglas del diálogo

Existen ciertas reglas básicas para marcar los diferentes parámetros del diálogo, y es preciso conocerlas. El hecho de que algunos escritores modernos hagan caso omiso de ellas no significa que no estén vigentes. Lo que pasa es que la omisión de las reglas puede producir diferentes efectos, como veremos más adelante. Pero antes de intentar omitir o alterar las reglas del diálogo, cosa que debe hacerse con mucho arte, conviene empezar por aprender a usarlas correctamente.

1) El guión inicial: sirve para introducir al interlocutor, y se lo coloca a la misma altura que un párrafo después de un punto aparte. Además, no debe haber espacio entre el guión y el comienzo de la oración; por ejemplo:

María Teresa era un cepo para sostener inmóvil mi dedo. Gemí cuando la viejita terminó.
—¿Y qué me ha puesto?
—Grasa de iguana m'hijo. Mañana vas a estar bien.
—¿Y la espina?
—Ya veremos.
—¿Y para qué la grasa de iguana?
—P'al dolor nomás, pa'la deshinchazón.
Doña Elmira tenía razón. El dolor menguó poco a poco y al día siguiente había desaparecido.
(J. Estrella, "La flor de la piedra")

2) **Los guiones intercalados**: Otra forma de enmarcar el diálogo es el guión (doble o simple) que se intercala para hacer referencia al interlocutor, o simplemente para destacar algún aspecto de la conversación. El uso del guión doble, sólo se hace necesario si la persona continúa hablando. De lo contrario, basta con uno. Lo veremos en un ejemplo:

Las tensiones que sufría la relación entre ellos se hacía más patente cuando quedaban solos.
—En este momento — dijo ella, procurando evitar sus ojos —, toda mi energía está dirigida a no enamorarme.
—Comprendo — respondió él con bondad —. Conozco esa lucha porque yo la pasé. Sólo que yo pude matar al dragón.
—Por lo visto te resultó fácil — reaccionó ella.
—Fácil, no. Pero quería realmente lograrlo. ¿No será que te gusta más el sabor de la lucha que el sabor del triunfo?
Ella se quedó un rato en silencio, su mirada perdida en un rincón de la pieza.
—Lo que pasa — dijo al cabo muy lentamente —, es que debe ser más fácil matar a un dragón que atrapar los pájaros que se escapan de mi alma en busca de sol...
(P.A.A., "Los Pájaros")

Antes que nada, observe el uso de guiones intercalados; a diferencia del guión que mencionamos en el punto 1, estos no van pegados a la oración, sino que dejan un espacio a ambos lados. Ahora observe las dos cosas que anunciamos más arriba.

El guión doble, cuando el interlocutor sigue hablando:

... — *dijo ella, procurando evitar sus ojos* —, ...

Y el guión simple, cuando el interlocutor deja de hablar:

—*Fácil, no. Pero quería realmente lograrlo.*

Observe que los dos guiones intercalados son una especie de paréntesis que en nada afecta lo que se viene diciendo. Si la conversación sigue, debe continuar a partir de sí misma, usando lo que exige su propia sintaxis: un punto, una coma, dos puntos, etc., hasta terminar.

Así:

... — —... .

... — —, ...

... — (cuando no sigue hablando)

Primer principio: Observe atentamente la forma en que se usan las reglas del diálogo en los libros que tiene a mano y no tardará en aprenderlas.

II. Diálogo en la exposición

Como dijimos al comienzo de la lección, la forma dialogada solía usarse para hacer más ameno un contenido demasiado filosófico, o simplemente con una finalidad educativa. En la actualidad, ensayistas como Ortega y Gasset —que solía insertar algunos diálogos—, suelen ser mucho más interesantes que quienes desarrollan un estilo simplemente expositivo. Podríamos asegurar que hasta los ensayos más serios admiten algún diálogo en la argumentación. Por ejemplo:

"*Hasta ahora hemos analizado un aspecto del problema. Pero ustedes me dirán*:

—*No es así, la vida es algo más complicada.*

Y yo les pregunto:

—*¿Acaso no... etc.?*"

Cuando el ensayista entabla una conversación imaginaria con el lector, lo integra, lo hace participar. Es como si le diera la alternativa de elegir de qué lado del argumento ponerse.

Segundo principio: Haga más amenos sus argumentos dialogando con el lector.

Tercer principio: Si no existen interlocutores, la narración puede cobrar vida imaginando una conversación con uno mismo.

III. Diálogo en la conciencia

Desde James Joyce y Virginia Wolff en adelante, el fluir de la conciencia ocupa un lugar importante en la prosa de los escritores contemporáneos. No todo lo que fluye en la mente del personaje es diálogo, por supuesto. Este ingresa y se desvanece en medio de otros contenidos de la conciencia, mezclándose sin mayor lógica, tal como sucede en la vida real, en la que nos resulta imprevisible el curso de los recuerdos. Observemos este caso:

> *Cada vez parecía estar más cerca del campamento, pero cada curva era un nuevo desengaño. No sé si fue un presentimiento o por mero instinto, pero empecé a preocuparme...*
> *La vía serpenteaba cada vez más, su aparente infinitud, su eterno paralelismo, eran casi obligatorios ingredientes en mi pensamiento.*
> *'La vida se parece a una vía hasta en las letras, y además es más larga, según vos.'*
> *'Pero che, siempre con el mismo tema, me tenés cansado. ¿Me querés decir por qué tenés que hablar siempre de lo mismo?* (*Detrás del telón*)

La ambigüedad —que puede ser deliberada, y no es un defecto— se resuelve por lo general más adelante en el cuento. Pero cuidado: No *hagamos que el lector tenga que retroceder tres páginas para ver de dónde partió su error*. ¿No fue María la que habló por teléfono? ¿O fue Dora? La ambigüedad es un arma de doble filo. Para producir ambigüedad debemos ser muy *claros* y producir sólo la que nosotros mismos buscamos.

Eso no significa que vamos a redactar con la precisión y claridad de un boleto de compra-venta, pero tampoco debemos amontonarle complicaciones innecesarias al lector.

Cuarto principio: Al concluir diálogos "mentales" trate de imitar la natural ambigüedad del fluir de la conciencia, pero no abandone al lector en un océano de dudas.

IV. El diálogo dentro del diálogo

Un narrador puede describir una conversación que un personaje mantiene con el interlocutor "X", y en un determinado momento incorporar una segunda conversación que éste mantuvo con el interlocutor "Y".

Por ejemplo:

> ...*Después tuve un reloj, y me acostumbré mal*. ¡*Si viera cómo lo sentí el día que se desapareció del rancho*! *La Eulalia me decía*:
> —*Sonso, ¿no te das cuenta de que fue después de la visita de tu compadre? Y yo, mire, siempre le decía lo mismo*: —*No le pongas nombre al culpable. Eso dejáselo a Dios*... "*Algún día se sabrá*".

En el cuento que usamos para el ejemplo anterior, se marcaba entre comillas el fluir de la conciencia. En éste no aparecen, y se pasa sin pausa del diálogo mayor (todo el encuentro es una conversación), al diálogo insertado. Lo que se busca es producir el mismo efecto de una conversación ininterrumpida de la vida real.

Quinto principio: Procurar que ciertas conversaciones se parezcan lo más posible a la forma que toman en la vida real.

V. La naturalidad del diálogo

El diálogo bien logrado es bastante difícil de manejar, y es preciso tener mucho cuidado para no caer en dos trampas muy comunes: convertirlo en algo *demasiado obvio*, o volverlo *muy artificial*.

Si se reprodujera fielmente la forma en que se habla habría exceso de oraciones inútiles y no se lograría la agilidad necesaria. Sobre el diálogo no sólo recae la tarea del hablar, sino de generar una serie de cosas adicionales, como son la personalidad de los interlocutores, el clima de conversación, la forma en que se eslabonan las cosas, etc. Debe acortar camino: ¡es decir mucho más en menos palabras! Y no es así que hablamos en la vida real. Pero por lograr ese objetivo, no debemos perder la naturalidad. Por ejemplo: ¿Se ha fijado qué oraciones tan artificiales suelen tener algunos de los personajes de novelas evangélicas? ¿O será que muchos evangélicos son artificiales en su manera de hablar? Pensándolo bien: ¿Es realmente así que se habla? Si queremos hacer que nuestros personajes hablen de temas espirituales, no necesitamos convertir el diálogo en un sermón. Es preciso acercarnos lo más posible a la vida real y hacer que la forma en que hablan los personajes reflejen lo que son: jóvenes o viejos, cultos o ignorantes, simpáticos o irascibles, etc.

Sexto principio: Se debe mantener un equilibrio entre la naturalidad y el efecto dinámico que exige la traza literaria. Acercarnos lo más posible a la forma en que se da el diálogo en la vida real, pero sin sus circunloquios innecesarios.

El siguiente párrafo del libro *Pedro Páramo*, de Juan Rulfo, es un lindo ejemplo del diálogo, en el que también "habla", a través del recuerdo, un tercer personaje.

> *Era ese tiempo de la canícula, cuando el aire de agosto sopla caliente, envenenado por el olor podrido de las saponarias.*
> *El camino subía y bajaba: "Sube y baja según se va o se viene. Para el que va, sube; para el que viene, baja."*
> *—¿Cómo dice usted que se llama el pueblo que se ve allá abajo?*
> *—Comala, señor.*
> *—¿Está seguro de que ya es Comala?*
> *—Seguro, señor.*
> *—¿Y por qué se ve esto tan triste?*
> *—Son los tiempos, señor.*
> *Yo imaginaba ver aquello a través de los recuerdos de mi madre; de su nostalgia, entre retazos de suspiros. Siempre vivió ella suspirando por Comala, por el retorno; pero jamás volvió. Ahora yo vengo en su lugar. Traigo los ojos con que ella miró las cosas, porque me dio sus ojos para ver: "Hay allí, pasando el puerto de Los Colimotes, la vista hermosa de una llanura verde, algo amarilla por el maíz maduro. Desde ese lugar se ve Comala, blanqueando la tierra, iluminándola durante la noche". Y su voz era secreta, casi apagada, como si hablara consigo misma... Mi madre.*

Trabajo 6

Estilo

Comenzamos con un hecho: entre todo lo escrito hay cosas buenas y cosas malas; cosas que la gente lee y otras que no. Muchas veces la diferencia no es el contenido, sino la manera en que está escrito, el estilo.

¿Qué es estilo? Simplemente la *manera* en que escribimos. El estilo es la forma, aparte del contenido. Uno puede decir la misma cosa de dos maneras muy diferentes. Por ejemplo:

Si consideramos objetivamente el resultado de las varias disciplinas y causas del mundo contemporáneo, llegamos a la conclusión de que no hay una relación necesaria entre la capacidad inherente de la persona, y los resultados de sus esfuerzos, sino que hay un cierto elemento de casualidad que siempre se debe tomar encuenta.

En este mundo he visto algo más: que no son los veloces los que ganan la carrera, ni los valientes los que ganan la batalla; que no siempre los sabios tienen pan, ni los inteligentes son ricos, ni los instruidos son bien recibidos; todos dependen de un momento de suerte.
(Ec 9:11)

En este caso, la diferencia no es de contenido, sino de estilo. Comenzamos con tres reglas generales en cuanto a estilo:

No imite a nadie. Hay ciertos autores que nos atraen, y podemos aprender de ellos. Pero nunca debemos moldearnos a su imagen. Lo que escribimos debe ser nuestro, algo que brota naturalmente de lo que somos, tal como nuestra conversación. Hay ciertas personas que puedo "escuchar" en sus cartas, y así debe ser. Lo que escribimos es muy personal, y nuestra capacidad de escribir crece naturalmente con nuestro crecimiento mental, social y espiritual.

Aprenda a escribir bien, y su estilo se formará solo. En un sentido, *todo* este cuaderno tiene que ver con estilo. Un buen estilo produce manuscritos que el lector puede y quiere leer; nada más. Si lo complicamos con palabras oscuras, párrafos largos, expresiones exóticas, etc, perdimos el objetivo.

El estilo tiene que tomar en cuenta al lector. Parece ser una regla obvia, pero no lo es. Voy a escribir de una manera diferente para el boletín de la iglesia que para el periódico del barrio. Voy a escribir de manera diferente para un folleto evangelístico que para la revista denominacional. El vocabulario, las ilustraciones, el enfoque (serio, humorístico, "callejero") difieren según los lectores. La manera en que escribimos refleja el propósito de lo que escribimos.

Un ejemplo común: Una buena parte de los cuentos para niños (originales y traducidos) se escriben en un estilo para adultos. O, en algunos casos, se escriben en un estilo "infantil" que casi se burla del chico ("Ah, mis pequeños lectores, que delicioso es saludar a la mamita con un besito...")

En forma de repaso, repetimos algunos de los elementos que afectan al estilo. Son sugerencias cosechadas de una variedad de libros sobre cómo escribir bien.

Ser específico. Si escribo "El viejo Manuel", el lector tiene una idea vaga acerca de Manuel. Si escribo "El viejo Manuel se vistió de traje", la imagen es más clara. Si agrego "...y miraba a todos por encima de sus lentes gruesos" el cuadro de Manuel se enfoca aún más.

O para dar otro ejemplo:

"Había mucha gente..."
"La gente ocupó todos los bancos..."
"El salón quedó repleto de la gente que colmó los bancos..."

Por supuesto, un exceso de descripción puede distraer al lector. Pero muchas veces el efecto de cambiar una palabra "débil" por otra fuerte, o incluir un detalle, da vida a la oración.

Usar la voz activa. La voz activa es más dinámica —y más interesante— que la pasiva. Es mejor que el sujeto origine la acción, y no que sea el receptor de la acción.

Por ejemplo, en vez de "El coche fue manejado por Juan" sería mejor decir "Juan manejó el coche". O en vez de "El salón estaba lleno de sus voces cristalinas", mejor sería "Sus voces cristalinas llenaban el salón." En vez de "Todo estaba cubierto con una gruesa capa de polvo", mejor sería "La gruesa capa de polvo tapaba todo."

Un exceso del verbo "ser" (fue escrito, fue chocado, era llevado...) normalmente señala un uso excesivo de la voz pasiva.

Decir las cosas de manera positiva. En vez de describir cómo *no* son las cosas, es mejor describir directamente *cómo* son.

Por ejemplo, en vez de "No había nadie en la casa", mejor sería "La casa estaba vacía." O en vez de "No sabía qué decir", mejor: "Se quedó sin palabras."

Mostrar en vez de decir. Es decir, usar menos adjetivos que dicen, y donde sea posible, usar verbos que muestran.

No: "Juan predica con una voz fuerte", sino: "Juan grita sus sermones."

No: "Pancho es demasiado gordo", sino: "Pancho apenas entra tras el volante de su auto."

No: "Es un edificio alto", sino: "El edificio sobrepasa a todos los demás."

Por supuesto, estas no son reglas rígidas, pero señalan pautas que conviene tomar en cuenta. Repito: Algo bien escrito invita al lector, lo atrae, lo atrapa. Y esto implica que el mejor estilo es sencillo, ordenado, donde toda palabra trabaja.

Ejercicio

Prepare cuatro artículos cortos basados en Marcos 2:1-12. Conviene buscar y comparar muestras de cada estilo antes de escribir, para así adaptarse mejor a él. No necesitan ser largos; media página será suficiente.

1 - Un artículo para un "diario" de la época, acerca del "Extraño incidente en Capernaum".

2 - Un artículo para una revista cristiana sobre la autoridad de Jesús.

3 - Un artículo para niños acerca de la preocupación de Jesús por toda la persona. Indique para qué edad está escribiendo.

4 - Un artículo o folleto de evangelización sobre "El hombre que sabe perdonar".

Sugerencias para el trabajo en grupo

Aquí será necesario hacer dos cosas. Primero, tienen que decidir *qué* es apropiado para cada estilo. Conviene que elaboren ciertas pautas mínimas para cada uno.

Y segundo, evaluar lo que han preparado a la luz de esas pautas.

Para algunas personas, es difícil cambiar de estilo. Pero es un ejercicio de mucho valor. Podemos parafrasear las palabras de Pablo en 1 Co 9:20-23: "Cuando escribo para el pueblo de Dios, trato de hacerlo en un lenguaje que ellos entenderán; cuando escribo para el mundo de afuera, me adapto a su manera de pensar y expresarse. Trato de ser flexible, para así llegar a todas las personas."

Se puede hacer un ejercicio adicional utilizando la figura del "Viejo Manuel" que mencionamos en la discusión sobre ser *específico*. Describan al "viejo Manuel" como si fuera para:

un cuento para niños.

un diario.

una revista cristiana.

Para la discusión

La ponencia de Elsa de Powell (Lectura 6) es más bien técnica, y convendría hacer un trabajo sobre cómo escribir correctamente la conversación. Hay dos posibles ejercicios que pueden hacer en el grupo.

El primero es completar el siguiente diálogo (lo ideal sería hacerlo en pizarrón), tomando en cuenta el uso correcto de los guiones. El diálogo es entre un dentista y su paciente:

El dentista observó la boca y comentó:

El paciente, pálido como el papel, no pudo menos que observar:

responde el dentista.
Pero el paciente insistió:

repuso:

El otro ejercicio es asignar a dos personas del grupo a dialogar como si fueran dos conductores que acaban de chocar en una esquina. Debe ser relativamente breve.

Al terminar la escena, el grupo tratará de transcribir el diálogo. De nuevo, es un ejercicio de cómo escribir un diálogo "natural", y el uso correcto de guiones.

Lectura 7

Algunas pautas para la lectura

Adaptado [7]

El escritor necesariamente es un lector. ¿Por qué? Hay varias razones:

La lectura nos ayuda a crecer como personas. Nos obliga a pensar, seleccionar, rechazar, asimilar.

Nos ayuda a conocer mejor al mundo que nos rodea. Cada uno vivimos en un "micromundo" personal; necesitamos maneras de ponernos en contacto con el "macromundo" de afuera.

Amplía nuestro "banco de datos" de información que nos puede ayudar en los proyectos literarios.

Nos provee modelos —tantos buenos como malos— del arte de escribir.

Sí, debemos leer ampliamente y regularmente. A continuación ofrecemos las siete pautas para la lectura de un conocido pastor y escritor europeo, A.T. Pierson.

Nunca perder un dato importante o un pensamiento estimulante. Tomar nota de ello, guardarlo y pulirlo para alguna aplicación futura.

Las ideas se pierden fácilmente. Esa idea que "leímos alguna vez en algún libro" no nos sirve si no lo podemos encontrar de nuevo. Conviene leer con lápiz en la mano, y en muchos casos, con cuaderno al lado.

Nunca leer un libro pobre, vulgar, inútil. El tiempo es demasiado corto; nuestro carácter es de demasiado valor.

El apóstol Pablo dijo algo acerca de esto en Fi 4:8. No debemos perder tiempo con literatura "barata", que roba tiempo y no edifica.

Nunca dejar pasar una palabra, una referencia a la historia o a la ciencia, o cualquier otra cosa que vale la pena conocer, sin comprenderlo.

Es fácil saltar las cosas que no entendemos a primera vista. Para crecer, necesitamos tener un diccionario a mano, y a veces ese cuaderno donde podemos anotar cosas que debemos investigar para comprenderlas mejor.

Marcar sus libros; en los márgenes con una, dos o tres líneas según la importancia de la idea. Subrayar oraciones o pasajes. Anotar un índice breve de las secciones importantes en las páginas blancas al final del libro.

Hay muchas maneras de marcar; el método no es tan importante. Pero sí conviene señalar ideas, datos, etc. de importancia para que los podamos encontrar de nuevo.

Muchas personas hacen una ficha para cada libro que leen, donde anotan —además del título y el autor— un resumen de su contenido y los datos pertinentes para mejor utilizar el libro en el futuro.

Leer algunos libros que exigen toda su capacidad. Leer algunos libros que no son tan "atractivos" para exigirse en la concentración mental.

Necesitamos el ejercicio mental tal como el ejercicio físico. Un libro que nos desafía, nos ayuda a crecer.

Estudiar griego es lo más aburrido al principio, pero cuando uno comienza a leer el Nuevo Testamento en griego por primera vez, todo el esfuerzo cobra valor. Un buen comentario, un libro de teología, nos disciplinan mentalmente.

Buscar variedad en la lectura. Filosofía, ficción, biografía. La variedad provee descanso para la mente.

Una buena novela, como por ejemplo, "La guerra del fin del mundo" de Vargas Llosa, nos hace bien como escritores, y como personas. Una revista informativa, un libro de sicología, un libro de poesías, toda esta variedad nos enriquece.

Por supuesto, hay que seleccionar con cuidado, porque no tenemos tiempo para leer todo lo que queremos. Hay que buscar siempre el equilibrio entre lo que *queremos* leer, y lo que *debemos* leer.

Comprar solamente los libros que valen la pena retener permanentemente.

Esta es una regla fácil de aplicar para la mayoría, ya que los libros son caros. Pero la otra cara de la moneda es igualmente importante: debemos invertir en comprar libros que nos ayuden a formar una biblioteca propia. Los libros son herramientas; conviene seleccionarlos con inteligencia, y tenerlos a mano.

Trabajo 7

Estructura

Tanto un artículo corto, como un libro entero, necesita un plan de trabajo. Ese plan, para el escritor, es el bosquejo. Note en Capítulo 10; el capítulo entero es un bosquejo.)

¿En qué orden voy a presentar mis ideas? ¿Cuáles son las ideas principales, y cuáles las secundarias? ¿Cómo voy a demostrar la relación entre ellas? La mejor respuesta es un bosquejo. Lo ilustramos con una muestra:

1 - El uso del bosquejo es una manera sistemática y eficiente de escribir.
  a -Indica que uno sabe lo que desea decir, antes de escribirlo.
  b -Ahorra tiempo y minimiza la tarea de revisión.
2 - Ayuda a unificar lo escrito.
  a -Se pueden detectar y eliminar las ideas esporádicas en la etapa de bosquejar.
  b -La relación entre ideas se ve mejor en forma de bosquejo.
3 - Ayuda a dar énfasis en el punto apropiado.
  a -Se puede distinguir entre ideas claras, y otras parcialmente formadas.
  b -Se puede distinguir entre ideas principales y secundarias.
  c -Se puede visualizar la cantidad de espacio que se debe dedicar a cada tema.
  d -Se pueden ordenar las ideas de acuerdo con su concepto de importancia.

El proceso para preparar un bosquejo puede ser el siguiente:

Primer paso. Hacer una lista de las ideas que desea expresar, ideas sueltas, todo lo que puede tener una relación con su tema, sin intentar ponerlas en orden. Por ejemplo, si decido escribir sobre la música en la iglesia, la lista preliminar puede incluir:

la música en el culto
la preparación de un coro
el ministerio de un coro

el uso de instrumentos musicales
la dirección de música en el culto
el canto congregacional
solistas
himnos y "coritos"
la música en la Biblia
conjuntos musicales
sonido
acústica
himnarios
la música en la evangelización
educación musical para la congregación

A esta altura la lista no sirve para escribir. Son demasiados los temas, y sin orden.

Segundo paso. Seleccionar la idea, o tema, principal. Cuando revisamos la lista que hicimos arriba, por ejemplo, nos damos cuenta que contiene muchos posibles temas. A menos que deseemos escribir un libro, necesitamos seleccionar un tema específico. A modo de ilustración, seleccionamos el tema: "El canto congregacional".

Tercer paso. Revisar la lista, pulir lo innecesario, y a veces, agregar una idea. Si limitamos la lista a las ideas que tienen una relación directa con el tema principal que seleccionamos, el resultado será:

la música en el culto
el uso de instrumentos musicales
la música en la Biblia
la dirección de música en el culto
himnos y "coritos"
himnarios
educación musical para la congregación
el uso de "play-back"

Al armar la lista más específica, se me ocurrió que se debe agregar "el uso de play-back".

Cuarto paso. Distinguir entre las ideas principales y las secundarias. Meditando sobre el tema, y la lista preparada, se puede pensar en tres ideas principales para desarrollar el tema:

El propósito del canto congregacional.
La preparación de la congregación.
La ejecución del canto.

Quinto paso. Una vez que hemos definido las ideas principales, podemos utilizar la lista para crear un bosquejo.

1 - El propósito del canto congregacional.
  a - la base bíblica.
  b - himnos y "coritos".
2 - La preparación de la congregación.
  a - educación musical.
  b - himnarios.
3 - El canto congregacional.
  a - la dirección del canto.
  b - los instrumentos musicales.
  c - el uso de "play-back".

Recomendamos siempre preparar un bosquejo antes de escribir.

Ejercicios

1 - La lista siguiente es de ideas sueltas, con alguna relación entre sí. Utilícela para hacer un bosquejo, siguiendo los pasos que hemos delineado.

- la TV entra en muchos hogares
- los que producen programas necesitan una preparación técnica
- hay predicadores respetados por la gente
- muchos predicadores de TV ganan sueldos extravagantes
- hay personas que miran los predicadores de TV, que nunca participan en una iglesia
- el predicador de TV debe ser una persona intachable
- la programación de TV es muy costosa
- el horario de muchos programas es incómodo
- hay predicadores que ocupan el 30% de su tiempo pidiendo dinero
- los últimos casos de inmoralidad han dañado la imagen de los predicadores en TV
- Billy Graham es uno de los predicadores más respetados

2 - Arme un bosquejo original sobre uno de los siguientes temas:
La evangelización de jóvenes.
Una escuela de capacitación para adultos.
Cómo movilizar a una congregación.

Sugerencias para el trabajo en grupo

La experiencia mía ha sido que en términos generales, no sabemos hacer bosquejos y nos cuesta ordenar nuestros pensamientos. Conviene con estos ejercicios utilizar un pizarrón o papel afiche para que todos puedan ver los bosquejos para la evaluación. Hay que *ver* el bosquejo.

Para la discusión

Sí, el escritor necesariamente es también un lector. Y las pautas del capítulo 13 son muy prácticas. Pero ¿cuál es la experiencia del grupo?

¿Qué leen normalmente?
¿Cuándo leen?
¿Qué *deben* leer?
¿Qué están leyendo actualmente?
¿Cuántos libros han leído *este* año?
¿Cuál realmente recibe más tiempo, la TV o los libros?

Lectura 8

20 Reglas para escribir bien

Escuela para escritores de la revista "Selecciones"

1 - Preferir la palabra simple antes que la complicada o "elegante".
2 - Preferir la palabra conocida antes que la desconocida.
3 - Preferir la palabra castellana antes que la extranjera.
4 - Preferir sustantivos y verbos antes que adjetivos y adverbios.
5 - Preferir nombres que crean imágenes y verbos de acción.
6 - Nunca utilizar una palabra larga cuando una corta serviría.
7 - Aprenda a manejar la oración simple, declarativa.
8 - Preferir la oración simple antes que la complicada.
9 - Variar la longitud de sus oraciones.
10 - Poner las palabras que desea enfatizar en el principio y al final de su oración.
11 - Usar la voz activa.
12 - Utilizar oraciones positivas.
13 - Utilizar párrafos cortos.
14 - Cortar palabras, oraciones y párrafos que no son necesarios.
15 - Usar un lenguaje común, conversacional. Escribir como habla.
16 - Evitar la imitación. Escribir en su propio estilo natural.
17 - Escribir con claridad.
18 - Evitar la jerga.
19 - Escribir para ser entendido, no para impresionar.
20 - Revisar y escribir de nuevo. Siempre es posible mejorarse.

Algunas notas explicativas

4 - Por ejemplo, en vez de "comió rápidamente", "tragó su comida".

10 - Por ejemplo, en vez de "el club necesita disciplina entre otras cosas", "disciplina es una necesidad principal del club" o "la verdadera necesidad del club es disciplina."

Trabajo 8

Comenzar... y terminar

El primer párrafo, y aún las primeras oraciones de un artículo son fatales. Si no atrapamos la atención del lector en las primeras líneas, éste da vuelta la página en busca de algo más interesante.

Compare estas dos introducciones:

> *Jeremías era un profeta que vivía en el séptimo siglo antes de Cristo. Predicaba en Judea, el reino del sur, y su ministerio cubrió cinco reinados, un período de 40 años. Se puede leer el trasfondo de su tiempo en 2 Reyes 22-25 y 2 Cron 34-36.*

> *Hay un personaje bíblico que molestaría a la mayoría de nosotros. Siempre mezclaba su religión con la política.*

En un escrito, el comienzo o introducción, cumple por lo menos dos funciones:

Llama la atención y despierta el interés. En esencia, dice: "Aquí viene algo que tiene que ver con tu vida y te interesará."

Avisa de antemano al lector el contenido del artículo. Sirve de enlace entre el tema, el lector y su mundo de intereses. Por esta razón la introducción es más que una anéctoda interesante; de alguna manera, refleja el contenido del escrito.

Pero igualmente esencial es la conclusión. La regla más simple es: cuando ha dicho todo, terminarlo. No hace falta un largo repaso (En resumen, hemos visto...). Lo ideal es dejar pensando al lector. Tal vez una cita, tal vez una idea o pregunta inesperada.

No es el lugar para:

Nuevos detalles: "Este planteo de Pablo, *que vemos repetido también en los libros de 2 Timoteo y Tito*, presenta un desafío actual a las iglesias argentinas. ¿Estamos dispuestos a enfrentarnos con los peligros del crecimiento?"

Disculparse: "Hay mucho más que se puede decir sobre el tema, pero el espacio me limita."

Introducir excepciones: "Aplicando estos cinco principios al devocional familiar, resultaría en el enriquecimiento de todos los miembros de la familia. *Aunque en el hogar con adolescentes puede ser necesario modificar algunos aspectos."*

Como la introducción abre una puerta para el lector al pensamiento del autor, la conclusión debe cerrarla.

Ejercicios

1 - El pasaje de Mt 6:24-34 ha de ser bien conocido por todos. Su idea principal es simple, y se lo puede resumir con el v. 33. Supongamos que va a escribir un artículo sobre este pasaje, sobre el principio de Mt 6:33. Escriba una introducción apropiada. Luego, evalúe lo que ha hecho. ¿Qué efectividad tiene para atrapar la atención del lector, y por qué?

2 - Supongamos ahora que ha escrito el artículo sobre Mt 6:24-34. ¿Cómo lo va a concluir? Leí alguna vez de un autor que ¡siempre escribía el primer y el último párrafo antes de escribir el artículo!

Es cierto que no tiene el artículo, sin embargo, intente escribir un último párrafo de conclusión y haga una evaluación en base a este capítulo.

3 - Escriba un primer párrafo para un artículo sobre:

a) El susto más grande de mi vida.
b) Cómo malinterpretar la Biblia.
c) La iglesia: una familia mundial.

Sugerencias para el trabajo en grupo

En realidad, este capítulo dice poco sobre un tema muy difícil. Para los dos primeros ejercicios se debe aclarar en el grupo *por qué* cada ejemplo es, o no es, efectivo.

Ejercicio tres

Aquí, se debe preguntar: ¿La introducción llama la atención al lector? ¿Lleva al lector al tema del artículo?

Para la discusión

Miren de nuevo los artículos de Powell (Lectura 2), Clifford (Lectura 3) y McConnell (Lectura 4). ¿Cuál tiene la introducción y la conclusión más efectivas? ¿Por qué?

Lectura 9

Ilustraciones

Cuando Jesús tuvo una discusión teológica con un escriba acerca del cumplimiento de la ley, en vez de darle un discurso, dijo: "Un hombre iba por el camino de Jerusalén a Jericó..." (Lucas 10)

El Señor —seguramente con intención— apelaba a la fascinación que todos sentimos por un buen cuento. Puede ser que estemos casi dormidos durante un sermón, pero despertamos cuando el predicador dice: "Algo muy interesante me pasó el otro día en la peatonal..." Los libros de Juan White son atractivos para leer por los muchos ejemplos sacados de su propia experiencia.

El uso inteligente de ilustraciones da vida a un escrito. Algunas pueden ser claves para explicar un concepto difícil. El uso de ejemplos cuando hablamos de la iglesia o de la vida cristiana nos ayudan en la aplicación.

Pero dijimos el uso "inteligente", porque también tienen sus peligros. La ilustración debe ser pertinente, es decir, debe realmente relacionarse con el tema, y no ser meramente una anécdota "interesante". Debe ser actual, relevante al mundo de los lectores (¿cuántas veces hemos escuchado: "En una calle de Londres en el siglo pasado..."?).

Es interesante que el Señor no se limitó al uso de ejemplos verídicos. Inventó muchas de sus ilustraciones. A veces nos asusta la idea de escribir "ficción", pero muchas de las enseñanzas de nuestro Señor eran justamente eso.

No nos toca en este material trabajar las reglas para un buen cuento, como por ejemplo: descripción, suspenso, diálogo, acción, etc. Pero los mismos principios se aplican a una buena ilustración.

Donde sea posible, utilice ejemplos de la vida real en sus escritos. Pero tampoco tenga miedo de inventar ilustraciones (ficción) cuando sea apropiado.

Muy relacionado está el uso de la descripción. Vivimos en un mundo donde vemos, oímos, tocamos, saboreamos. Un aroma, por ejemplo, puede traer toda una serie de imágenes a la mente. Cuando decimos que "su ropa estaba saturada con el olor a cigarillo", el lector lo siente.

El uso discreto de la descripción nos da un contacto más íntimo con el lector. Por ejemplo, Juan Pérez. ¿Cómo se peina? Cuando ofrece la mano, ¿es seca, transpirada, suave, callosa? ¿Cómo es su voz? ¿Lo mira directamente a los ojos o no? ¿Cómo es su forma: parecida a un árbol, una pera, una almohada...? Agregar uno o dos detalles da vida al sujeto.

Lo siguiente es una muestra de un estudio para matrimonios que comienza con una ilustración ficticia: [8]

—¡*Qué linda pelicula*!

—*No... a mí no me gustó, era muy irreal.*

—*¿Cómo irreal? Así debemos vivir. Cuando tenga una familia, quiero que sea así. Un lindo chalet rodeado por árboles. Una mujer así, cariñosa, atenta. ¿Viste como mimaba a su marido? Y los chicos, así, bien educados. . .*

—*Pero nadie vive de esa forma. . . es pura ilusión.*

—*¿Por qué ilusión? Me pareció perfecto. Los chicos sentados a la mesa, calladitos, bien peinados. La señora bien vestida. La mesa con mantel blanco, flores. Conversaban acerca de cosas importantes. . .*

—*Pero te repito, ¿quién vive así?*

—*Bueno, puede ser que las familias que conocemos no son así, pero si es imposible, ¿cómo van a hacer una película de ésas? Sí, mi casa es una desgracia. Pero cuando yo me case, va a ser diferente. Ya verás. Tendremos todo bien arreglado, y no vamos a pelearnos nunca. Ya lo vas a ver. . .*

Modelos. Necesitamos modelos... tenemos modelos. El problema es que los modelos que el mundo nos ofrece son de papel, meras ilusiones, distorsiones de la realidad....

Trabajo 9

Lenguaje religioso

Toda subcultura tiene un idioma, una "jerga" propia. Desde los boxeadores hasta los médicos, los grupos especializados utilizan entre sí todo una gama de palabras, expresiones y conceptos que les son propios. La persona de afuera mal entiende mucho, y a veces no entiende nada.

Un médico, por ejemplo usa palabras como "dermis", "mitosis" y "núcleo hipercromático" en su informe, y no tenemos ni idea de qué habla. O cuando el contador dice que "la amortización del ejercicio fue calculada en base del método lineal, en función de la vida útil estimada de los bienes", solamente los iniciados lo comprenden.

Nosotros, los cristianos evangélicos, padecemos de la misma enfermedad. Tenemos un vocabulario propio, especializado, y una gran cantidad de expresiones comprensibles solamente para los iniciados. Por ejemplo:

> *En el monte Sión celestial la sangre de Jesús fue rociada en el santísimo, delante de la misma presencia de Dios*... (D. *Prince, Vino nuevo, Marzo de* 1983)

Puede ser que algunos de nosotros lo comprendamos, ¿pero la persona de la calle? Es que las personas que entran en nuestras iglesias paulatinamente aprenden nuestra jerga, pero el escritor no puede suponer nada. Aun entre denominaciones utilizamos un vocabulario diferente. La palabra "bautismo", por ejemplo, despierta diferentes conceptos en diferentes grupos.

Si lo que escribimos es un boletín para nuestra iglesia o denominación, entonces este no es un problema. Pero si pensamos escribir para un público más amplio —y especialmente para el mundo no cristiano— necesitamos cuidarnos del lenguaje religioso.

En teoría, por lo menos, será posible expresar todo concepto religioso en lenguaje sencillo, comprensible para los no iniciados. Es probable que tengamos que dar una vuelta más larga, y expresar el significado de una sola palabra con una oración o más. Pero, a la posible excepción de algunas palabras bien conocidas, como Dios, también es necesario.

Aunque tampoco podemos tener confianza que cuando nosotros escribimos "Jesucristo nos salva", el lector entienda lo mismo que nosotros. Ni aún podemos estar seguros de que estemos en la misma frecuencia cuando hablamos de "Dios".

Veamos unos ejemplos: Nosotros decimos "dar gloria a Dios", pero *¿qué* le damos a Dios? Puede ser que lo honramos por quién es. O también que le damos gracias por algo que hizo. De cualquier manera, "gloria" es una palabra que tenemos que traducir para la gente de afuera.

También hablamos de "la redención que tenemos en Cristo Jesús". Pero la palabra "redención" significa poco para la mayoría de la gente. En este caso, es necesario ser más específico. Podemos hablar, por ejemplo, de:

El precio alto que Cristo pagó para hacernos hijos de Dios.

Cristo pagó la deuda que teníamos con Dios por no haber cumplido con sus leyes.

Podemos fácilmente hacer una lista larga de términos y oraciones que son comunes para nosotros, pero significan poco para los no iniciados.

Lean Hechos dos veintitrés...
La Palabra nos dice...
La unción del Espíritu...
La sangre nos cubre...
Etc.

La regla es sencilla: pensar para quiénes estamos escribiendo, y comunicarnos en términos que ellos comprenderán.

Ejercicio

1 - Prepare una definición sencilla de los siguientes términos:
cielo
iglesia
Cristo a la derecha de Dios
glorificar a Dios
mi Salvador

2 - Intente relatar su conversión, o alguna experiencia espiritual profunda, como si lo hiciera para un público no religioso. Debe ser breve, no más de media carilla.

3 - Escriba un párrafo sobre el tema "Dios nos santifica por medio de su Palabra" sin términos religiosos.

Sugerencias para el trabajo en grupo

¡Esta vez hay que hacer una evaluación sin misericordia! Para el cristiano que ha pasado muchos años en la iglesia, es sumamente difícil expresar su fe en lenguaje común. *Pero es posible.*

Para la discusión

Sugiero que comiencen a escuchar a las personas que abren sus reuniones para el público, y a los predicadores, para ver en qué medida se comunican en un lenguaje accesible a la persona que entra desde la calle, y no sabe nada de la Biblia ni de la fe evangélica. ¿Cuál ha sido su experiencia en esto hasta ahora?

Lectura 10

Una guía para la redacción

Adaptado [9]

I. Primero, organizar su material y hacer un bosquejo
  A. Hacer una selección inicial para el contenido
    1. Determinar el propósito y alcance
    2. Escoger un título tentativo
    3. Hacer la lista preliminar de ideas
  B. Hacer la investigación necesaria
    1. Incluir su experiencia personal
    2. Buscar información de fuentes autorizadas
    3. Estudiar materiales publicados
      a. Utilizar publicaciones actuales
      b. Consultar fuentes confiables
  C. Hacer un bosquejo
    1. Seleccionar temas útiles
    2. Arreglar los temas en un "mapa" para la redacción

II. Hacer del manuscrito una unidad coherente
  A. Interesar a los lectores con una buena introducción
  B. Hacer fluir la redacción
    1. Hacer puentes sobre los "saltos" con buenos enlaces
    2. Utilizar palabras de enlace, puntuación y otros medios para indicar relaciones entre ideas
    3. Escribir párrafos que los lectores pueden comprender
    4. Introducir nuevas ideas con la primera oración de un párrafo
    5. Marcar la terminación de ideas con una oración de resumen
  C. Planificar la coherencia y unidad del manuscrito

III. Escribir el primer borrador
  A. Ayudar a los lectores a comprender lo que escribe
    1. Averigüar lo que los lectores ya saben
    2. Decidir hasta qué cantidad de material nuevo conviene dar a los lectores
    3. Interesar al lector: hablar directamente a él
  B. Escribir con un estilo ágil, fácil de leer
    1. Utilizar palabras conocidas y concretas

2. Utilizar verbos de acción
3. Escribir oraciones efectivas
    a. Escribir oraciones más cortas
    b. Cuidar las desviaciones del tema
    c. Evitar las explicaciones largas que pueden distraer al lector del flujo de ideas
    d. Utilizar las oraciones muy cortas con discreción
4. Hacerlo personal, involucrar al lector

C. Hacer un trabajo completo de escribir el primer borrador
D. Leer, revisar, escribir de nuevo

Trabajo 10

El pulimento

El arte de escribir, es más bien el arte de re-escribir. Pocos escritores pueden producir un manuscrito aceptable con el primer esfuerzo. Varios han comentado que esta es la diferencia entre el principiante y el escritor experimentado. El principiante escribe un manuscrito, elimina los errores tipográficos más obvios, y lo considera terminado. Mientras el escritor experimentado hace su primer borrador, y con eso ¡recién ha comenzado a escribir!

Por lo general, se recomienda que escriba el primer borrador sin preocuparse demasiado por detalles. Ya preparó su bosquejo, o "mapa", para su redacción, y ahora escriba todo lo que viene a la mente. Luego, es más fácil podar la madera seca que injertar algo nuevo.

Al terminar el primer borrador, será mejor archivarlo durante varias semanas. Necesitamos poner una cierta distancia entre nosotros y esta creación nuestra para poder verla con más objetividad. Luego hay que leerlo, y varias veces, con las siguientes pautas en mente:

El contenido. El tema debe ser claro, convincente e interesante.

¿Puede decir la idea central en una sola oración?

¿La idea central es suficientemente específica, o tan general que no se logra decir nada concreto?

¿Hacen falta más detalles, ejemplos o ilustraciones?

¿Hay conceptos o ideas que desvían demasiado del tema central?

¿Las opiniones son realmente suyas, o son de otra persona?

¿Es creíble, es decir, su planteo tiene bases sólidas que lo apoyan, o más bien parece ser una opinión personal?

La organización. El argumento del escrito debe avanzar paso por paso, con el énfasis en el lugar correcto.

¿El tema es claro desde el principio?

¿Cada párrafo avanza un paso adelante con el tema, o salta el flujo de ideas hacia adelante y hacia atrás?

¿Se distingue con claridad entre ideas principales y secundarias?

¿La conclusión deja al lector la impresión que Ud. quiere?

La redacción. Conviene leer el manuscrito en voz alta. De esta manera se detectan con más facilidad las construcciones incómodas, la repetición innecesaria y las oraciones enredadas.

¿Está seguro del signficado de todas las palabras? Donde hay duda, es mejor consultar el diccionario.

¿Ha utilizado algún concepto o palabra "técnica" o jerga, que se debe corregir o explicar para el lector?

¿Se da cuenta de demasiada repetición de ideas o palabras?

¿Es consistente el estilo? Hay que evitar, por ejemplo, la transición de un estilo formal a otro informal dentro del mismo manuscrito.

¿Hay oraciones demasiado complicadas? Si cuesta esfuerzo leer la oración en voz alta, seguramente necesita revisión.

El impacto. Cuando sea posible, siempre conviene que otra persona lea el manuscrito para dar sus opiniones.

¿Están de acuerdo los dos en cuanto al tema central y su credibilidad?

¿Cree que es realmente apropiado para los lectores que Ud. tenía en mente?

Después de esta primera revisión, lo mejor sería archivarlo de nuevo, y repetir el proceso. ¡Hay pocos manuscritos que no merecen por lo menos dos pulimientos!

Ejercicio

Para este ejercicio hay dos posibilidades.

1 - Primero, tomen uno o más trabajos de los primeros capítulos, y evalúenlos a la luz de las pautas anteriores. Cada uno puede trabajar con lo escrito por uno de sus compañeros.

2 - El siguiente párrafo ha sido copiado literalmente de un manuscrito sometido para su publicación. ¿Cuál es el problema principal de este párrafo? Prepare una versión pulida.

Llega el doctor Larrarte, *hace recostar al enfermo para poder ver la herida, levanta la venda que la cubre y la expresión del rostro del médico cambia de inmediato, se pone tenso, la madre se acerca y ve que de la herida mana un hilo de sangre pregunta con su mirada pero el médico no dice una sola palabra levanta la cabecita de* Rubén *y de sus fosas nasales también fluye* *sangre. El médico siente que debe decir algo y se repite como queriendo convencerse a sí mismo -*No *es nada, no es nada.* Pronto *pasará; pero en un momento se llena la habitación de médicos, todos hablan a la vez hay diversas opiniones, la madre de* Rubencito *sigue sin entender interroga pero nadie puede darle una explicación que la saque del tormento de esa incertidumbre. Comienzan las idas y venidas de las enfermeras y químicos que le estraen sangre se piden coagulantes a todos los laboratorios, la hemorragia continúa llega de* Buenos Aires *uno de los coagulantes de mayor eficacia,la hemorragia cesa, la noche quedó atrás ya amanece pero para la pobre madre recién comienza, aún no sabe lo que su hijo tiene tal vez al día siguiente se sabrá con certeza la verdad sobre la salud de* Rubén.¡Oh Dios, *qué malos pensamientos acuden a su mente y sacuden el alma como un vendaval!* ¿Por *qué no ha de pensar que lo que* Rubén *padece no es nada, que todo tendrá una solución?* Llega *el día temido esa pobre madre no ha pegado los ojos en toda la noche, dentro de un momento vendrá el médico y con él su vida o su muerte, porque todo lo que puede sucederle a* Rubencito *encontrará eco en cada pedazo de su piel, de su carne de todo su cuerpo.*

Sugerencias para el trabajo en grupo

Este ejercicio ya tiene suficientes pautas como para armar la discusión. Pero, en realidad, cumple parcialmente el propósito del capítulo. Es relativamente fácil pulir el trabajo de otro, pero ¡ay de la persona que sugiere que *mi* trabajo necesita algún retoque!

Lo ideal será tomar los trabajos que hicieron para el capítulo 12, y aplicar los principios de este capítulo a ellos.

Lectura 11

El cristiano y la ficción

Elsa R. de Powell

Creo que a todos nos ha preocupado en algún momento, la aparente tensión entre ser "artistas" o ser "testigos de Cristo". Pareciera que cuando se trata de un pintor o de un músico cristiano, la tensión no es tan grande. Pero cuando se trata del arte literario, es como si lo cargáramos con la responsabilidad de "testificar" o bien con sentir un complejo de culpa si no lo hace.

Por cierto que hay una urgencia legítima en llevar a otros a Cristo. Pero entre eso y decir que para el creyente el arte es una especie de "pérdida de tiempo" hay, mucha distancia.

Cada cosa en su lugar. Si trabajo en una fábrica y todos los días le robo una hora al patrón para ir a testificar a los operarios, estaría mal. Y si tengo un don que me permite escribir cuentos, por ejemplo, y trato de "robar" un lugarcito aquí, y otro allá para testificar, me parece que es como si falseara algo.

Nunca me ha parecido bien que los artistas suban al púlpito a "ofrecer su don a Dios". En el púlpito prefiero un sermón. Del mismo modo tampoco me gusta que el predicador se "infiltre" en el arte. No sé muy bien por qué.

En parte porque creo que la vocación artística hecha con fidelidad, a la larga da fruto por sí misma.

Pienso en Bach: No sé si Bach habrá testificado en su vida ordinaria, pero pienso que sí. Sin embargo, no me extrañaría en la otra vida, saber que su música tuvo más que ver con el peregrinaje de muchos a los pies de Cristo, que más de un sermón.

Y pienso en C.S. Lewis. Sus cuentos de ciencia ficción le ganaron la admiración de muchos agnósticos que luego leyeron sus escritos teológicos con más atención, y se sintieron motivados de buscar a Cristo.

Y pienso en Jesús: ¿Qué clase de carpintero fue? ¿A medias? No lo creo. Cuando fue carpintero, fue *carpintero*. Hizo sillas, mesas, puertas... no cuadros con versículos, aunque amaba las Escrituras. Daba a cada cosa su lugar. Hasta una fiesta de bodas tenía que ser una *fiesta*, y no parece haberle gustado demasiado que lo interrumpieran.

El no sentía conflictos de pérdida de tiempo. ¿Por qué nosotros? Si después de todo no hay nada en la vida que no termine reflejando la mayor o menor presencia de Cristo en nostros: reimos o lloramos, gozamos o sufrimos, según lo que controla nuestras emociones. Entonces, ¿por qué no va a ser la tarea artística hecha por sí misma, una expresión más de nuestra fe?

Sin embargo, ¿por qué existe ese sentimiento de culpa? No sé si tengo las cosas totalmente claras. Creo que en mi caso el conflicto no era entre vocación artística y Dios, sino entre yo y Dios. Había muchas cosas que yo había colocado antes que Dios en mi vida. Entre ellas mi ambición de llegar algún día a escribir. Quizás tuvo que ver el estímulo que desde muy chica recibí de mi padre, que también escribía. Pero cuando mi vínculo con Dios se fue haciendo más fuerte, mi relación con todo fue cambiando. Para mí también llegó el momento en que nada me pareció de más valor que "Ayudar a alguien a llegar aunque sea un centímetro más cerca de Cristo". Hubo una etapa de tensiones, de negaciones, de renuncias. Pero curiosamente, nada de esto mató mi "arte" sino que lo enriqueció.

El preocuparse por la gente (uno de los cambios que Cristo hizo en mí), me llevó a conocer más de cerca a la vida. Se fueron introduciendo en mi mente imágenes de seres reales, con sus conversaciones y modismos, y situaciones reales, con sus sabores, colores y sonidos. Todo ese rico bagaje que tanto necesita aquel que desea escribir.

Yo encuentro que no *uso* mis cuentos para testificar (a menos que entre muy naturalmente), sino que al contrario, testificar me lleva luego a escribir. Es mi contacto con las personas que me lleva luego a mirar con pena las consencuencias de la injusticia, o los estragos del pecado. Otras veces me entristece lo patético del amor, o me golpea la soledad de alguien. Simplemente escribo de lo que me toca, de lo que hace resonar alguna cuerda en mi corazón. A veces mi imaginación se siente tocada por la belleza de la naturaleza. Otras por el amor inmerecido de Dios, o por el simple dilema de la existencia, o por el sinsentido de la muerte.

Nada de eso es escrictamente "testificar", pero es, o puede ser, fruto de una vida que testifica. Y es hermoso descubrir que el tiempo que uno da a otros por amor de Cristo, él nos lo devuelve con creces en un tiempo concentrado y "creador".

Trabajo 11

Ideas

El escritor trabaja en el mundo de las ideas. Su tarea es evaluarlas, digerirlas y expresarlas de tal manera que otros puedan aprovechar de ellas. Con tal fin, sugerimos tres disciplinas que todo escritor debe cultivar.

Leer. Cada uno de nosotros vivimos en un micromundo propio. Pocos hemos viajado fuera de nuestra patria. Pocos han estudiado sociología o electrónica. Pocos podemos leer el Nuevo Testamento en griego. La lectura nos pone en contacto con personas que sí han logrado esas cosas, y aprendemos de ellos. Recomendamos de nuevo la Lectura 7. El buen escritor es necesariamente también un buen lector.

Observar. Feliz el escritor que tiene una curiosidad inherente. Observa las cosas, las calles, la gente, qué hace la gente; escucha conversaciones, problemas, maneras de expresión. Puede escribir acerca de un mundo real porque tiene contacto con él, lo observa.

Muchos aconsejan que el escritor siempre debe llevar un cuaderno encima. Cuando observa o escucha algo llamativo, lo anota. Un cuaderno es más confiable que la memoria.

Archivar. Una herramienta indispensable para el escritor es su archivo. Con el tiempo, vamos juntando artículos, citas, referencias a pasajes en libros y otro material que sirva para escribir. Hay por lo menos dos maneras de archivar. La ***primera*** es por temas.

Se puede tener una serie de carpetas o sobres con títulos que dividen, en forma de bosquejo, los temas y sub-temas. Por ejemplo, una lista de temas principales puede ser:

1 - Biblia
2 - Dios
3 - Jesucristo
4 - Espíritu Santo
5 - Iglesia
6 - El hombre
etc.

Cada uno de estos temas principales se puede dividir en sub-temas. Por ejemplo, bajo "iglesia" puede haber sub-temas como:

5 - Iglesia
  a. Su naturaleza
  b. Ancianos, pastores, diáconos
  c. Miembros, disciplina
  d. Adoración, oración
  e. Bautismo
  etc.

Con este esquema, la carpeta 5 - e. contiene:

artículos tomados de revistas acerca del bautismo.

Hojas con referencias a libros que tienen datos importantes sobre el tema.

Notas de campamentos, conferencias, etc. sobre el bautismo.

etc.

El ***segundo*** sistema es el archivo en serie. Se compone de dos elementos. Primero un fichero de tarjetas (un tamaño común es 7cm por 12cm), cada uno con un tema o sub-tema anotado en su rincón superior. El segundo elemento es un fichero con carpetas numeradas 1 a 50, 51 a 100, 101 a 150, etc.

Supongamos que encontramos un artículo importante sobre bautismo, por ejemplo:

Se pone el número "1" en la parte superior de la primera hoja, y se lo coloca en la carpeta 1-50.

Luego en el fichero de tarjetas, anotamos en la ficha que corresponde al bautismo una descripción *muy* breve del artículo y su número de archivo.

Seguimos haciendo lo mismo con apuntes, fichas, etc. numerándolos consecutivamente, colocándolos en las carpetas, y anotando en la tarjeta correspondiente su número.

Así cuando desea escribir un artículo sobre un tema, se busca en su ficha correspondiente los números de los materiales en el archivo que tratan el tema.

Pero ¿cómo podemos evaluar un tema? ¿Cómo sabemos si conviene escribir sobre esto, o aquello? Sugerimos unas pautas:

El tema debe ser interesante, llamativo. A menos que escriba para una publicación académica, el tema debe animarle a escribir, y animar al lector a leer. Pocos van a interesarse por un artículo sobre "El uso de la voz pasiva en el verbo 'salvar' en el Nuevo Testamento", pero muchos van a probar un artículo titulado "¿Cuántas veces necesitamos ser salvados?".

El tema debe responder a una verdadera necesidad. Sobran las preguntas y preocupaciones entre los creyentes. Muchos sienten su necesidad de informarse y capacitarse en diferentes áreas. El interés se despierta cuando uno encuentra una respuesta a su necesidad.

El tema debe tener una dosis de originalidad. No hace falta repetir lo que muchos ya han dicho. Por ejemplo, hay bastante escrito acerca de cómo estudiar la Biblia. Es difícil preparar un artículo sobre el tema que llame la atención del lector. Pero sí puede haber interés en un artículo sobre "Cómo estudiar la Biblia cuando no hay tiempo", o "Cómo incentivar a los adolescentes a estudiar su Biblia".

El tema debe estar dentro de nuestro alcance de conocimientos. Normalmente escribimos desde la base de nuestra propia experiencia y conocimiento. A veces, si tenemos buenas fuentes de información, podemos entrar en áreas desconocidas. Pero es algo que se debe hacer con cuidado.

El tema no debe ser muy general. En vez de intentar masticar el tema "La iglesia", sería mejor enfocar un aspecto específico: "¿Por qué crece la iglesia de __________?"; "El chisme en la iglesia: bomba de tiempo"; "¿Por qué perdemos miembros?"; etc.

Insistimos de nuevo en la autenticidad. Necesitamos escribir desde nuesta propia realidad, desde dónde estamos. Siempre es chocante escuchar al joven predicador que imita a uno de sus mayores, o leer un artículo de alguien que obviamente no ha vivido lo que ha escrito. Si vamos a convencer a otros, necesitamos escribir sobre lo que nos convence a nosotros. No podemos llevar a nadie más allá de donde nosotros ya estamos.

Ejercicio

1 - Para cada uno de los siguientes temas "generales", anote tres temas específicos que puedan servir para un artículo en una revista.
La santidad
La evangelización
Fe y obras

2 - Prepare para dos de los temas específicos de la primera tarea, una lista de ideas, un "mapa" para escribir. Es decir, es un ejercicio en la investigación. La lista será de ideas, artículos, capítulos de libros etc. que pueden servir de base para un artículo. Conviene repasar de nuevo Trabajo 7 y Lectura 9.

Sugerencias para el trabajo en grupo

Ejercicio uno

Se deben aplicar las cinco pautas de este capítulo (justo antes del ejercicio) a sus trabajos.

Ejercicio dos

Este ejercicio puede ser difícil para la persona que nunca ha intentado formar su propia biblioteca de ideas. Si no tiene más que la Biblia y un diccionario bíblico, ya es tiempo para comenzar a aplicar este capítulo.

Para la discusión

Convendría pasar tiempo charlando sobre su experiencia relacionada con este tema. ¿Tiene alguna forma de archivar ideas? ¿Cómo es? ¿Qué hacen para encontrar ideas que habían leído alguna vez en un libro?

Notas

(1) Tomado de Pensamiento Cristiano número 87, p. 19.

(2) Margery Allingham, "Write the Visión" (New York, Comittee on World Literacy and CHristian Literature), p. 15

(3) Publicado originalmente en el "Manual para talleres literarios", Ediciones Crecimiento Cristiano y ABUA.

(4) "Manual para talleres literarios".

(5) "Manual para talleres literarios".

(6) "Manual para talleres literarios".

(7) Adaptado de un artículo anónimo en la revista "Witness", Julio de 1967, p. 265

(8) Tomado de la guía de estudio "Diálogos para matrimonios", Ediciones Crecimiento Cristiano, p. 10.

(9) Adaptado de "Write the Vision", Committe on World Literacy and Christian Literature, New York, p. 16

- -

El párrafo original del capítulo seis es así:

El bombardeo ha terminado. La gente sale de los refugios antiaéreos. Y un niño llora porque una bomba le ha destruído sus juguetes. La guerra ha llegado al cuarto de los niños.

Esto sucedió en Palestina. Pero pudiera llegar a suceder aquí, en nuestra pacífica Argentina. Ya están los guerrilleros a poca distancia de nosotros, en Perú. Así comenzó la guerra de Vietnam.

¿Y si la guerra —la guerra de verdad— llegara alguna vez al cuarto de nuestros niños? ¿Si irrumpiera en nuestra pequeña felicidad aquí abajo?

Difícil pensar en guerra cuando el cielo es azul, y el sol calienta el patio en los tranquilos día de invierno. El ritmo de la vida se desarrolla lentamente, siempre igual, y parece que siempre hubiera sido así, y que siempre habrá de ser así, hasta la consumación de los siglos.

Pero, ¿es que habrá un final? Y éste, ¿cómo será? ¿Será un final de guerra, o de paz? ¿Saldrá al final el sol, o las nubes tendrán la última palabra?

Porque toda cosa ha de llegar a su término, y a su completo desarrollo: el bien y el mal, la paz y la guerra. "El trigo y la cizaña crecerán juntos hasta la siega". Toda semilla germinará y llevará fruto.

Y la semilla de la guerra está aquí, entre nosotros. Sólo falta que sea quitado de en medio el obstáculo que lo impide. Aún no ha llegado nuestra hora. Pero hay quien está decidido a no descansar hasta convertir nuestros campos en hogueras, nuestras calles en campos de batalla, el cuarto de nuestros niños...

Otros títulos disponibles

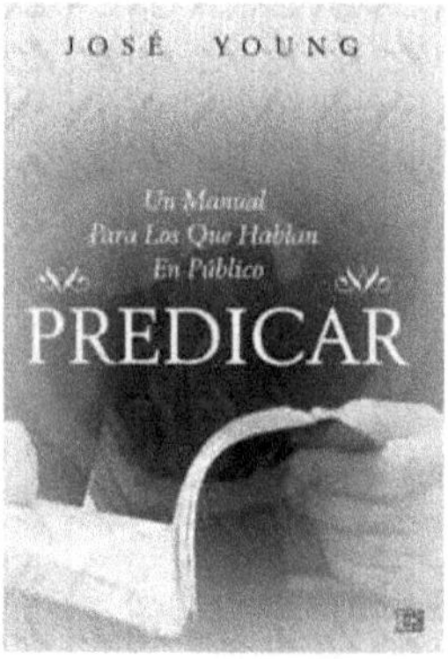

C5 - PREDICAR

Un cuaderno que ayuda a todos los que necesitan comunicarse con un grupo. Puede ser una clase bíblica, una charla para jóvenes, una reunión de evangelización, una reunión casera. Son situaciones muy diferentes pero hay principios que se aplican a todas. (7 lecciones)

Se terminó de imprimir en los
Talleres Gráficos de
Ediciones CC
Córdoba 419 - Villa Nueva, Pcia. de Córdoba
IMPRESO EN ARGENTINA

www.ingramcontent.com/pod-product-compliance
Lightning Source LLC
Chambersburg PA
CBHW060649030426
42337CB00017B/2519
* 9 7 8 9 5 0 9 5 9 6 7 4 0 *